Staats- und socialwissenschaftliche Forschungen

herausgegeben

von

Gustav Schmoller.

Sechster Band.   Drittes Heft.

(Der ganzen Reihe sechsundzwanzigstes Heft.)

T. Bödiker: Die gesetzliche Regelung des Feingehalts der Gold- und Silberwaaren.

Leipzig,

Verlag von Duncker & Humblot.

1886.

Die gesetzliche Regelung

des Feingehalts

der Gold- und Silberwaaren.

Von

T. Bödiker,

Präsident des Reichs-Versicherungsamts.

Leipzig,

Verlag von Duncker & Humblot.

1886.

Vorwort.

Durch das Reichsgesetz über den Feingehalt der Gold-
und Silberwaaren vom 16. Juli 1884 und die Ausführungs-
bekanntmachung des Reichskanzlers vom 7. Januar 1886 ist
endlich eine Angelegenheit geregelt worden, über welche in
Deutschland unter den Regierungen seit dreissig Jahren, und
mit dem Reichstag seit dem Jahre 1878 wiederholt verhandelt worden war.

Da dieselbe nicht nur zahlreiche Fabrikanten und mehrere
Tausend kleinere Gewerbetreibende, sondern die ganze Nation
angeht, insofern diese mit dem zunehmenden Wohlstand in
einem von Jahr zu Jahr steigenden Maass einen Theil ihres
Vermögens in Edelmetallgegenständen dauernd anlegt — der
Werth der Jahresproduktion an Edelmetallwaaren übersteigt
in Deutschland weitaus 100 Millionen Mark, wovon allerdings
ein grosser Theil exportirt wird —, so dürfte eine Darstellung
des Ganges und des Abschlusses der über diesen schwierigen
Gegenstand so lange gepflogenen Verhandlungen Manchem
erwünscht sein.

Von dem Verfasser, welcher als Kommissarius des Bundesraths den Gesetzentwurf vom Jahre 1884 vor dem Reichstag
vertreten hat, ist für jenen Zweck schon damals das in mancherlei
Quellen zerstreute Material gesammelt und gesichtet worden.
Er erachtete es deshalb nach dem inzwischen erfolgten Erlass
der vorerwähnten abschliessenden Bekanntmachung für seine

Pflicht, im Interesse derer, welche das am 1. Januar 1888 in Kraft tretende neue Gesetz unmittelbar berührt, sowie derer, welche sich später mit dieser Materie als Richter, Volkswirthe oder Gesetzgeber befassen werden, jenes Material entsprechend zu verwerthen und weiteren Kreisen zugänglich zu machen. Unter dem gleichen Gesichtspunkt zieht die nachfolgende Schrift auch die Gesetzgebung der auf diesem Gebiete für uns hauptsächlich in Betracht kommenden Nachbarländer (Belgien, Frankreich, Schweiz und Oesterreich) in den Kreis der Erörterungen.

Berlin, im Juli 1886.

Der Verfasser.

Inhalt.

Einleitung.

Die gesetzliche Regelung des Feingehalts der Gold- und Silberwaaren hat die Gesetzgebung des Auslandes und des Inlandes schon seit sehr langer Zeit beschäftigt[1]).

---

[1]) Fein ist in Beziehung auf Gold und Silber der technische Ausdruck für „rein". Feingehalt oder Feinheit bedeutet das Verhältniss der Gewichtsmenge des in einer Edelmetallwaare oder Münze enthaltenen Edelmetalls zu der Gewichtsmenge des in der Waare oder Münze enthaltenen Zusatzes an unedlem Metall (zu der Legirung). Ein Silbergeräth ist z. B. 800 Tausendtheile „fein", wenn die Gewichtsmenge des in ihm enthaltenen Silbers $800/1000$ oder $4/5$ des Ganzen ausmacht. Während somit der Feingehalt oder die Feinheit etwas Relatives ausdrücken, bedeutet Feingewicht die absolute Menge des in einem bestimmten Edelmetallgegenstande enthaltenen Goldes oder Silbers. So stellt sich z. B. nach dem Gesetze vom 4. Dezember 1871, betreffend die Ausprägung von Reichsgoldmünzen, das Feingewicht des deutschen Zwanzigmarkstücks — der sogenannten Doppelkrone — auf 7,1685 g, während das Rauhgewicht der Doppelkrone bei 100 Tausendtheilen Kupferzusatz 7,9650 g beträgt (Bekanntmachung vom 21. Januar 1872). Nach dem richtigen Sprachgebrauch ist bei Münzen der Ausdruck Korn (von den Gerstenkörnern, mit denen man Goldmünzen wog) gleichbedeutend mit Feingewicht, und der Ausdruck Schrot gleichbedeutend mit dem Unedelmetallzusatz oder der Legirung: beides sind indess Bezeichnungen, welche mehr und mehr ausser Anwendung kommen.

Beim Golde drückte man früher den Feingehaltsgrad durch Karate, beim Silber durch Lothe aus. Karat (französisch carat, italienisch carato, spanisch quiláte) stammt von dem arabischen kîrât, welches wiederum aus dem griechischen $\varkappa\varepsilon\varrho\acute{\alpha}\tau\iota\upsilon$, getrockneter Johannisbrotkern, hergeleitet ist. In Deutschland wurden 24 Karat eine Mark genannt, das Karat in 12 Grän getheilt. —

Beim Silber wurde die Mark (kölnische Mark) in 16 Loth getheilt, jedes Loth in 18 Grän, sodass sowohl beim Golde als auch beim Silber jedes Grän $1/288$ Mark wog. 24-karätiges Gold und 16-löthiges Silber ist absolut reines Gold und absolut reines Silber. In neuerer Zeit, in Deutschland seit dem Jahre 1872, wird der Feingehalt der Gold- und Silberwaaren, dem Dezimalgewichtssystem entsprechend, mehr und mehr nach Tausendtheilen ausgedrückt.

Was die Ermittelung des Feingehaltes angeht, so möge noch die Bemerkung Platz finden, dass es für dieselbe hauptsächlich drei Verfahrensarten giebt: die sogenannte Nadel- oder Strichprobe, die

Die Schwierigkeit, bei dem Kaufe von Gold- und Silberwaaren den wahren Gehalt derselben an Edelmetall zu erkennen, liess das Bedürfniss hervortreten, den Käufern solcher
Waaren gegen Uebervortheilungen einen obrigkeitlichen Schutz
zu gewähren, und eine Sicherheit dafür zu bieten, dass in den
von ihnen gekauften Waaren der angegebene Feingehalt
wirklich enthalten sei. Die zu diesem Zwecke von den Gesetz-
gebern ergriffenen Maassregeln lassen, mit grösseren oder
geringeren Schattirungen, zwei wesentlich verschiedene Systeme
erkennen: das Repressivsystem, welches die Bezeichnung
des Feingehalts dem dafür verantwortlichen und deshalb in
geeigneter Weise beaufsichtigten Verfertiger überlässt, und das
Präventivsystem, nach welchem die Bezeichnung ausschliesslich durch vom Staate hierzu besonders berufene Beamte zu geschehen hat. Nebenher gehen Bestimmungen, nach
welchen nur gewisse Mischungsverhältnisse für zulässig erklärt
werden (Legirungszwang).

Gesetzgebungen über diese Materie bestanden schon früher
namentlich in England, Frankreich, Belgien, Italien, Holland,
Oesterreich und vor allem in Deutschland.

Hier war schon zur Zeit der Ottonen das Goldschmiede-
handwerk zur grössten Blüthe gelangt. Die Edelmetallbestände,
welche in früheren Jahrhunderten als Tributbeträge an die
drohenden germanischen Grenzstämme gelangt waren, römische
Beutestücke und später die Erzeugnisse der rheinischen Gold-
wäschereien und der böhmischen Bergwerke u. s. w. bildeten die
Unterlage jenes namentlich in den Klöstern und Frohnhöfen
der Grossen gepflegten Handwerks. „Die Werkstätte von Hildes-
heim, wo Bischof Bernward selbst werkthätig war, die Goldschmiede von Paderborn, Münster, Minden u. s. w. fertigten Wunder
des deutschen Kunsthandwerks [1].“ — Mit der Bildung der
Städte und deren wachsendem Wohlstande von der Zeit der
Staufen an gelangte die Goldschmiedekunst, vielfach vereint
mit der Münzerei und Malerei, zu immer allgemeinerer Verbreitung und höherer Blüthe. Gleichzeitig aber wurden von
Seiten der Städte strenge Vorschriften in Bezug auf die Ausübung jener Gewerbe erlassen, welche sich neben der allgemeinen Ordnung der Zunftverhältnisse namentlich auch mit
den Legirungsverhältnissen befassten. Das strassburger Gold-
schmiedezunftartikelbuch, aus der Mitte des vierzehnten bis
zum fünfzehnten Jahrhundert, bestimmte als Minimalgrenze

Feuerprobe (Abtreiben auf der „Kapelle“) und die sogenannte Titrir-
methode oder nasse Probe (chemische Behandlung des Silbers mit
Salpetersäure u. s. w.). Die beiden ersten Proben geben nur annähernd
richtige Resultate, die dritte Methode, von Gay-Lussac erfunden, ist die
in allen Münzwerkstätten übliche.

[1]) Hans Meyer, Die Strassburger Goldschmiedezunft von ihrem
Entstehen bis 1681, Band III Heft 2 dieser Forschungen.

beim Gold 3 Gulden Feingold und 1 Gulden Zusatz (d. i.
$^{750}/_{1000}$ Feingehalt) und beim Silber die weisse Farbe des
Strichs als maassgebendes Kriterium. In Wien (um 1360) war
beim Gold 20 Karat das Minimum, in Goslar (1350) 24 Karat.
In Köln durfte nur reines Feinsilber verarbeitet werden (daher
die „kölnische Mark"). — Ebenso bestanden genaue Vor-
schriften über die Stempelung u. s. w.; ja sogar die Mischung der
Edelmetalle wurde unter besonderer Kontrole bewirkt. Das
Verbot, im Wohnhaus Silberschmelzen einzurichten, und die
Zusammenlegung der Werkstätten aller in der Stadt wohnenden
Gold- und Silberarbeiter kehrt in fast allen Städten wieder[1].

Es war somit bereits überall im Reiche vorgearbeitet
worden, als der Titel 36 der Reichspolizeiordnung vom Jahre
1577 und später ein Reichsgesetz vom Jahre 1667 in diese
Materie regelnd eingriffen.

Diese beiden Gesetze sind indessen ausser Gebrauch ge-
kommen. Die Landesgesetzgebung trat in einzelnen Ländern
an ihre Stelle: so in Bayern die Verordnungen vom 25. Januar
und 1. August 1741, später in Hannover das Gesetz vom
15. Juli 1836.

Ein Versuch, zu einer umfassenderen, einheitlichen Regelung
zu gelangen, wurde zuerst wieder im Jahre 1845 auf der
VII. Generalkonferenz der Bevollmächtigten der Zollvereinsstaaten (§ 42 des Hauptprotokolls über diese Konferenz) gemacht, indem hier von dem württembergischen Bevollmächtigten
die Einführung eines gleichen Gehalts der Gold- und Silberwaaren in sämmtlichen Staaten des Zollvereins und eine Vereinbarung über die zur Einhaltung eines gesetzmässigen Zustandes zu ergreifenden Maassregeln als höchst wünschenswerth
in Anregung gebracht wurde. Der preussische Bevollmächtigte
erklärte damals die Bereitheit seiner Regierung, dem Antrage
entgegenzukommen, legte aber zugleich die Verschiedenheit
der bestehenden Ansichten, die Schwierigkeiten einer Vereinbarung und die Unmöglichkeit einer sofortigen Berathung dar.
Die Angelegenheit ist damals nicht weiter verfolgt worden.

Gelegenheit und Veranlassung, dem Gegenstande wieder
nahe zu treten, boten die dem Abschlusse der Münzkonvention
mit Oesterreich vom 24. Januar 1857 vorausgegangenen Verhandlungen, indem diese nach einer zu Artikel 19 des Handels-
und Zollvertrags zwischen Preussen und Oesterreich vom
19. Februar 1853 getroffenen besonderen Verabredung auch
auf gemeinsame Bestimmungen über den Feingehalt von goldenen
und silbernen Geräthschaften sich erstrecken sollten. Von dem
österreichischen Bevollmächtigten wurde damals ausweislich

---

[1] Näheres hierüber bei Hans Meyer a. a. O.; B. Bucher, Geschichte
der technischen Künste II (1880): Die Goldschmiedekunst; Soetbeer,
Beiträge zur Geschichte des Münzwesens.

des 11. Protokolls vom 15. Januar 1855 eine Zusammenstellung der Hauptgrundsätze eines Vertrages, jedoch mit dem Bemerken vorgelegt, dass er dieselbe nicht als eine definitive Proposition der österreichischen Regierung, an welche diese gebunden sein wolle, sondern als eine Vorlage, über welche von der Konferenz berathen werden wolle, zu betrachten bitte. Jene Hauptgrundzüge waren auf das in Oesterreich wie in Frankreich geltende Präventivsystem mit Legirungszwang gebaut.

Preussen hatte schon zuvor eine etwaige legislative Behandlung der Sache in das Auge gefasst, die dabei hauptsächlich in Betracht kommenden Gesichtspunkte nach Vernehmung der Organe des Handelsstandes und einzelner Sachverständiger in einer Denkschrift zusammengestellt und letztere der Konferenz mitgetheilt. Nunmehr brachte es unter gleichem Vorbehalte, wie von dem österreichischen Bevollmächtigten geschehen war, einen Gegenentwurf ein, in welchem das Verbot des Feilbietens und des Verkaufs von Waaren geringeren als des nach dem Vertrage zulässigen Feingehalts oder von solchen Waaren, welche mit einem, den Vorschriften des Vertrags entsprechenden Stempel nicht versehen sind, an die Spitze gestellt, ferner über den geringsten zulässigen Feingehalt, über Beschaffenheit des Stempels u. s. w. Bestimmung getroffen, dagegen jedem der kontrahirenden Theile überlassen war, ob er die Stempelung entweder Beamten, welche die Waare vorher auf den Feingehalt zu prüfen hätten, übertragen oder dem Verfertiger der Waare unter dessen eigener Verantwortlichkeit zur Pflicht machen wolle. Der österreichische Bevollmächtigte erkannte die Möglichkeit einer Vereinbarung auf der Basis dieses, beide erwähnten Systeme neben einander stellenden Gegenentwurfs an und machte deren Zustandekommen nur von der Vereinbarung ausreichender Bestimmungen über die beabsichtigte Ueberwachung und über die Strafen abhängig.

Bei der hierauf in einer Reihe von Sitzungen gepflogenen Berathung wurde der Entwurf in mehrfacher Beziehung amendirt und es ging hieraus ein dem 4. Protokolle vom 9. bis 16. Mai 1856 beigefügter Vertragsentwurf hervor, welcher vorläufig unter allseitigem Vorbehalt späterer Abänderungen und Ergänzungen festgestellt wurde.

Zu einer definitiven Einigung kam es nicht. Mehrere Regierungen, insbesondere die von Preussen, Bayern und Sachsen, hatten mancherlei Bedenken gegen den vorläufig festgestellten Entwurf. Vor allem aber wurde von der preussischen Regierung, welche bei der Aufstellung ihres Entwurfs von der Absicht, in ihrem Lande das Repressivsystem einzuführen, und von der Voraussetzung, dass die übrigen Zollvereinsstaaten für dasselbe System sich entscheiden und demzufolge nur im Zollverein einerseits und in Oesterreich andererseits zwei verschiedene Systeme sich gegenüberstehen würden, geleitet

worden war, in Erwägung gezogen, dass das Zutreffen dieser
Voraussetzung erst sicher zu stellen sei. Dazu kam in Betracht,
dass es sich um Bestimmungen handelte, welche tief in die
innere gewerbepolizeiliche Gesetzgebung der einzelnen Staaten
eingreifen würden, und deren Bedürfniss im allgemeinen oder
deren Zweckmässigkeit im einzelnen wohl bestritten werden
konnte, ferner, dass diese Bestimmungen für fast alle Staaten
neu waren, dass sie in den Kreis der eigentlichen Zollvereins-
Angelegenheiten nicht gehörten und dass zwei wesentlich be-
theiligte Regierungen — Baden und Kurhessen — bei der
Konferenz in Wien nicht vertreten gewesen waren. Die
preussische Regierung erachtete es daher für angemessen, vor
einer Fortsetzung der Verhandlungen vorerst sämmtlichen Zoll-
vereinsregierungen Gelegenheit zu einer Prüfung und Aeusserung
über den Entwurf zu geben, und liess denselben den Entwurf
mit einer Denkschrift zugehen, in welcher zugleich auf einige
wesentliche Bedenken gegen den Inhalt des Entwurfs auf-
merksam gemacht wurde.

Inzwischen war von dem Bevollmächtigten für Sachsen
der wiener Konferenz ein Entwurf zu einem Vertrage wegen
des Feingehalts der Gold- und Silberwaaren, wie er nach
Ansicht seiner Regierung den bisher über diesen Gegenstand
stattgefundenen Erörterungen zu entsprechen scheine, über-
reicht worden. Dieser Entwurf befindet sich als Beilage bei
dem 9. Protokolle vom 29. September 1856.

Rückäusserungen an die preussische Regierung erfolgten
von 15 deutschen Regierungen in der Zeit bis zum Monat
Mai 1857.

Wenn auch die Ansichten nicht durchgehend überein-
stimmten, in einzelnen Punkten sogar grundsätzlich von einander
abwichen, gewährten die Aeusserungen doch im allgemeinen
Hoffnung auf eine Verständigung. Nicht so auch die württem-
bergische Erklärung, welche zu den wesentlichsten Prinzipien
des auf der wiener Münzkonferenz vereinbarten Vertragsentwurfs, insbesondere zu dem Stempelungs- und Legirungszwange die Zustimmung versagte.

Unterdess war die Münzkonvention vom 24. Januar 1857
zum Abschluss gelangt. Bei den in Artikel 3 des Handels-
und Zollvertrags vom 19. Februar 1853 vorgesehenen Verhandlungen über weitere Erleichterungen des Verkehrs zwischen
dem Zollvereine und Oesterreich, zu welchen im März 1857
zu Berlin eine Konferenz zusammentrat, wurde zwar die Er-
ledigung jener nicht zum Austrag gebrachten Sache von der
österreichischen Regierung wieder angeregt (Punkt II des
Protokolls vom 27. März 1857). Die Angelegenheit ist aber
später nicht wieder aufgenommen worden, und namentlich auch
bei dem Abschlusse der Handels- und Zollverträge mit Oester-

reich vom 11. April 1865 und vom 9. März 1868 unerledigt
geblieben.

 Inzwischen wurde die Materie in Oesterreich durch das
Gesetz über den Feingehalt der Gold- und Silberwaaren
und dessen Ueberwachung vom 19. August 1865 (S. 181
des österreichischen Reichsgesetzblattes vom Jahre 1866)
und bald darauf in Bayern durch die

 Verordnung, den Feingehalt und die Probe von Gold-
 und Silberwaaren betreffend, vom 28. Oktober 1868
 (Regierungsblatt vom Jahre 1868 S. 2281 ff.)
geregelt.

 Die Angelegenheit ruhte sodann, bis im Herbst des Jahres
1872 die Fabrikanten Wilkens und Söhne in Bremen im
Verein mit 154 Fabrikanten und Verkäufern von Silberwaaren
aus Nord- und Süddeutschland beim Bundesrath um die gesetzliche Regelung des Feingehalts der im Deutschen Reiche zum
Verkauf ausgebotenen Silberwaaren petitionirten.

Die Petition von Wilkens und Söhne zu Bremen und Genossen, vom Jahre 1872.

 Die vorgenannte Petition gab den unmittelbaren Anlass
zu der nunmehr erfolgten Regelung des Feingehalts der Gold-
und Silberwaaren im Deutschen Reich. Es waren namentlich
drei Momente, welche der Petition zu statten kamen:

 die Errichtung des Deutschen Reichs und der Uebergang
  der Gewerbegesetzgebung auf das Reich,
 die Einführung eines neuen Gewichtssystems, endlich
 der Uebergang Deutschlands zur Goldwährung.

 Die Petenten hoben hervor, dass fast sämmtliche Staaten
von jeher durch gesetzliche Bestimmungen die in ihren Gebieten
befindlichen Edelmetalle gegen willkürliche Vermischung und
Unbestimmbarkeit ihres Werthes sichergestellt haben, um auf
diese Weise einen nicht unbedeutenden Theil ihres in gewissem
Sinne baaren oder allzeit disponiblen Vermögens gegen Ent-
werthung zu schützen. Auch in Deutschland habe es an solchen
gesetzlichen Vorschriften nicht gefehlt, nur haben sich dieselben
bei der politischen Zerrissenheit so bunt gestaltet, dass sie in
dem neuen Reich, welches seine gesetzliche und wirthschaftliche Einheit so glücklich anstrebe, nur noch als Unordnung
und Hemmniss für freie geschäftliche Bewegung und vortheilhafte Fabrikation bestehen. Dazu werde die Menge des
Silbers, welches Deutschland bei seinem wachsenden Wohlstand zu den verschiedensten Gebrauchs- und Luxusgegen-
ständen in seinen Besitz bringe, eine immer grössere, und
deshalb eine einheitliche gesetzliche Bestimmung wegen seiner
Legirung entschieden wünschenswerth.

Es wird dann in der Petition weiter ausgeführt, dass zur
Zeit in Deutschland drei verschiedene Silbergehalte verarbeitet
werden: der elflöthige in Schleswig-Holstein, Posen und Schlesien,
der zwölflöthige in den nördlichen und östlichen, der dreizehn-
löthige in den südlichen und westlichen Theilen. Dazu hätten
aber Preiskonkurrenz und missbräuchliche Benutzung eines
gesetzlich eingeräumten Remediums für verzeihliche Ungenauig-
keit die wirklichen Legirungen an die untersten Grenzen dieses
Remediums herabgedrückt, so dass thatsächlich obige Gehalte
selten voll gefunden würden und eine Erhöhung dringend
geboten erscheine, damit nicht ferner im Auslande die Be-
nennung „deutsches Silber" gleichbedeutend sei mit „schlechtes
und unechtes Silber".

Hinsichtlich der Einführung eines neuen Gewichtssystems
wurde hervorgehoben, dass die kölnische Mark zu 16 Loth,
das Loth zu 18 Grän, abzuschaffen und die Uebertragung der
aus ihr entnommenen Verhältnisse für Feingehalt und Remedium
auf Dezimalstellen unpraktisch, deshalb eine Bezeichnung der
künftigen Legirung nach einfachen dezimalen Verhältnissen
wünschenswerth sei.

Endlich wurde mit Rücksicht auf den Uebergang Deutschlands zur Goldwährung hervorgehoben, dass nach dem Ver-
schwinden der groben Silbermünzen dem Fabrikanten nicht
mehr wie bisher in je 30 Thalern ein Pfund fein Silber
zur Verfügung stehen werde, sondern er werde sein Arbeits-
silber nach einer Valuta, die auf Gold basirt sei, also zu schwanken-
derem Preise einkaufen müssen, und wenn dann keine gesetzliche Vorschrift über Feingehalt seiner Silberwaaren ihm zur
Seite stehe, werde ein allmähliches Heruntergehen der Legirung
nicht ausbleiben.

Die Petition schloss mit dem Satze:

„Fabrikanten wie Verkäufer von Silberwaaren sehnen sich
danach, durch ganz Deutschland in einen freien, nicht
mehr durch widersprechende Verordnungen erschwerten
Verkehr unter einander treten zu können, und wünschen
ihren Kunden gegenüber ein offenes, Allen bekanntes Werth-
verhältniss des Arbeitssilbers und seiner Legirung herbeigeführt zu sehen."

Der Petition war ein Gesetzentwurf beigefügt, welcher
die Anfertigung geringhaltiger Silberwaaren (unter $^{800}/_{1000}$
Feingehalt) verbot und die Stempelung aller Silberwaaren mit
einem einheitlichen Stempel (Kaiserkrone, Adler oder dergl.)
unter Beidrückung der Geschäftsfirma durch den Verkäufer
vorschrieb.

Von einer Regelung des Feingehalts der Goldwaaren
sahen die Petenten ab, weil es ihnen nicht gelungen war, von
den grösseren Fabrikanten derselben in Pforzheim, Stuttgart

und Hanau Vorschläge dafür zu erhalten, indem eine gesetz-
geberische Behandlung dieses Industriezweiges viel grössere
Schwierigkeiten biete.

Bundesrathsbeschlüsse vom 17. Februar 1873 und 4. Februar 1875.

Unter dem 17. Februar 1873 beschloss der Bundesrath,
die vorstehend wiedergegebene Eingabe den Regierungen der
deutschen Bundesstaaten mit dem Anheimgeben mitzutheilen,
innerhalb der nächsten drei Monate darüber eine Ansichts-
äusserung an das Reichskanzleramt gelangen zu lassen.

Wie aus einem dem Bundesrath erstatteten Vorbericht
des Ausschusses für Handel und Verkehr vom 14. Dezember
1872 hervorgeht, erschien es nicht angemessen, schon damals
mit einer materiellen Prüfung der durch die Petition wieder
in den Vordergrund gestellten Frage sich zu befassen. Die
Verhältnisse seien nicht mehr dieselben wie zu jener Zeit,
da die deutschen Regierungen über die Frage verhandelt und
zu derselben Stellung genommen hätten. Der theilweise Uebergang der Gesetzgebung auf diesem Gebiete auf das Reich, das
durch die Gewerbeordnung proklamirte Prinzip der Gewerbe-
freiheit, der Aufschwung, den die betreffende Industrie in der
Zwischenzeit genommen habe, und die grössere Komplizirtheit
derselben, der im Waarenverkehr steigende Verbrauch von
Surrogaten für Gold und Silber, der in der Petition hervor-
gehobene, namentlich in Bezug auf den Export bestehende
Unterschied der Verhältnisse bei Gold- und bei Silberwaaren,
der von dem Uebergange zur Goldwährung zu erwartende
Einfluss auf den Preis des Arbeitssilbers: alles das biete neue
Gesichtspunkte dar und lasse die Frage nicht mehr in demselben Licht erscheinen wie vor 15 Jahren. Es sei bedenklich
ohne weiteres zu den Prinzipien des damals aufgestellten, einer
Vereinbarung nahegebrachten Vertragsentwurfs zurück zu
greifen, nicht minder bedenklich, eine neue Basis zu suchen,
ohne dass den Regierungen zuvor Gelegenheit geboten worden,
mit Berücksichtigung der neuen Gestaltung der politischen und
industriellen Verhältnisse die Frage, in Ansehung sowohl des
Bedürfnisses einer gesetzlichen Regelung überhaupt als der
dabei zu befolgenden Prinzipien insbesondere, einer erneuten
Erwägung zu unterziehen.

In Folge jenes Beschlusses gelangten von fast sämmtlichen
Regierungen minder oder mehr eingehende Aeusserungen an
das Reichskanzleramt.

Dieselben waren der gesetzlichen Regelung der Angelegenheit im allgemeinen günstig. Ueber die hierbei zu befolgenden Prinzipien gingen die Ansichten indessen noch aus einander.

Bei dieser Sachlage beschloss der Bundesrath, dem das Material vom Reichskanzler unterbreitet wurde, den letzteren zu ersuchen, den Entwurf eines Gesetzes über Feststellung des Feingehalts der zum Verkauf gestellten Silberwaaren, soweit nöthig, nach Vernehmung von Sachverständigen, aufstellen zu lassen und dem Bundesrath vorzulegen (Beschluss vom 4. Febr. 1875, § 93 der Protokolle).

———————

Die gesetzgeberischen Hauptfragen.

Die Hauptfragen, auf welche es bei der Regelung der Angelegenheit ankam, betrafen die Legirung, die Ausführung der Stempelung und die Behandlung der Importwaaren.

I. In ersterer Beziehung war zwischen drei verschiedenen Systemen zu wählen:

  1. die Verarbeitung der edlen Metalle nur in bestimmten Mischungsverhältnissen zuzulassen (Legirungszwang),

  2. alle Mischungsverhältnisse zuzulassen, die Bezeichnung des Feingehalts jedoch vorzuschreiben (Stempelungszwang),

  3. die Verarbeitung in jedem Mischungsverhältnisse zwar zu gestatten, die Bezeichnung als Waare aus edlem Metalle. beziehungsweise die Aufdrückung eines den Feingehalt bezeichnenden Stempels aber auf bestimmte feinere Legirungen zu beschränken (Stempelungsverbot für die nicht normalgehaltigen Legirungen).

II. In Betreff der Durchführung der Stempelung, mochte dieselbe nun im Sinne des unter 1, 2 oder 3 vorbezeichneten Systems beliebt werden, kam es darauf an, zu entscheiden, ob die Stempelung zweckmässiger amtlich durch staatlich angestellte Beamte zu geschehen hat (Präventivsystem) oder den dafür verantwortlichen Produzenten zu überlassen ist (Repressivsystem).

III. Hinsichtlich der Importwaaren musste festgestellt werden, ob man den mit ausländischen obrigkeitlichen Stempeln versehenen Waaren eine privilegirte Behandlung zu Theil werden lassen, oder ob man ausländische Waaren nur zulassen wollte, wenn dieselben entweder nicht gestempelt

oder durch die inländischen Verkäufer mit dem Reichsstempel und ihrer Firma versehen sind.
Endlich kam
IV. in Frage, ob die etwa zu erlassenden Bestimmungen auf
die G o l d waaren ausgedehnt werden sollten.

Enquête vom Jahre 1875.

In Ausführung des Bundesrathsbeschlusses vom 4. Februar
1875 veranlasste das Reichskanzleramt eine umfassende En-
quête, indem es einen vorläufigen Gesetzentwurf aufstellte und
denselben durch Vermittelung der Landesbehörden zahlreichen
Fabrikanten und Kaufleuten, sowohl aus den Kreisen des
kleinen als auch des grossen Gewerbes, und insbesondere auch
aus dem Bereiche der Kunstindustrie, zur sachverständigen
Prüfung mittheilte.

Der in solcher Weise der fachmännischen Beurtheilung
unterstellte Entwurf war dem Beschlusse des Bundesraths
gemäss zwar auf Silberwaaren beschränkt geblieben. Da
indess bei jener Beschlussfassung von einer Seite bereits der
Wunsch Ausdruck gefunden hatte, dass die gesetzliche Regelung
auf die Goldwaaren ausgedehnt werden möge, so wurde den
Sachverständigen auch die Frage vorgelegt, ob sich eine Ausdehnung des Entwurfs auf die Goldwaaren empfehle.

Die Bestimmungen des Entwurfs beruhten auf folgenden
Grundsätzen:

1. dass gewisse Grade des Feingehalts auf den Waaren durch
   eine bestimmte in ganz Deutschland gleiche Stempelung
   sollten bezeichnet werden dürfen;
2. dass andere als diese Gehaltsbezeichnungen unzulässig
   sein sollten;
3. dass den Betheiligten Gelegenheit gegeben werden sollte,
   die Richtigkeit der Gehaltsbezeichnungen in glaubwürdiger
   Weise feststellen zu lassen.

Der Entwurf wurde zur Aeusserung vorgelegt: in Preussen
insbesondere Sachverständigen aus Frankfurt a. M., Hanau,
Kassel, Köln, Aachen, Altona, Dortmund, Hannover, Berlin,
Königsberg, Breslau u. a.; in Bayern zahlreichen Handelskammern und einzelnen Sachverständigen, desgleichen in
Württemberg (Stuttgart, Gmünd) und Baden (Pforzheim, Karls-
ruhe, Freiburg, Heidelberg), ferner Sachverständigen in Darm-
stadt, Lübeck, Bremen, Hamburg u. s. w.

Der Standpunkt des Entwurfs fand bei dem weit über-
wiegenden Theil der gewerblichen Kreise Zustimmung. Mehrfach

wurde der Zustand, wonach bezüglich des Feingehalts der
Edelmetallwaaren nicht nur in den verschiedenen Theilen
Deutschlands ein verschiedenes Recht galt, sondern auch
Fabrikation und Handel von verschiedenen Gewohnheiten be-
herrscht wurden, als unhaltbar bezeichnet. Es wurde zugegeben,
dass Täuschungen des Publikums über den Feingehalt der
Waaren häufig vorkommen, dass eine grosse Menge von
Waaren im Verkehr sei, welche einen geringeren als den allgemein gebräuchlichen und selbst als den ausdrücklich angegebenen Feingehalt besitzen. Es wurde behauptet, dass unter
den gegenwärtigen Verkehrsverhältnissen der Feingehalt der
Waaren immer mehr sich verringern müsse und auch thatsächlich in stetiger Abnahme begriffen sei. Es wurde beklagt,
dass hiedurch die Technik, namentlich nach der kunstgewerb-
lichen Seite hin, in sehr nachtheiliger Weise berührt werde
und dass der Absatz deutscher Waare, insbesondere in das
Ausland — wenn auch vielleicht durch die Billigkeit der geringhaltigen Waare vorübergehend gehoben — auf die Dauer jeden-
falls zurückgehen müsse. In den gewerblichen Kreisen zeigte
sich die Ueberzeugung verbreitet, dass diesen Uebelständen
und Gefahren mit Erfolg entgegengearbeitet werden könne,
wenn, wie der zur Beurtheilung gestellte Entwurf dies beab-
sichtige, den Fabrikanten und Kaufleuten die Möglichkeit geboten werde, ihre bessere Waare in allgemein gültiger und
allgemein verständlicher Weise kenntlich zu machen.

Die Gegner des Entwurfs theilten sich in zwei Lager.
Nur sehr wenige Stimmen waren es, welche sich überhaupt
gegen eine Intervention der Gesetzgebung aussprachen, sei es
weil sie solche für unnütz, sei es weil sie dieselbe für schädlich
hielten. Zahlreichere Gegner fand der Entwurf deshalb, weil
er nicht scharf genug gegen die bestehenden Missstände
vorgehe. Einig mit der vorherrschenden Anschauung in der
Verurtheilung des Bestehenden, theilten diese Gegner doch nicht
die Hoffnung, dass ein auf der Grundlage des Entwurfs er-
lassenes Gesetz nachhaltige Wirkungen haben werde. Ihre
Wünsche waren deshalb auf die Einführung eines Stempelungszwanges und theils sogar eines Legirungszwanges gerichtet.
In Norddeutschland nur wenig vertreten, hatten diese Ansichten
in Süddeutschland weitverbreiteten Ausdruck gefunden.

Die Frage, ob auch die Goldwaarenindustrie eine gesetzliche Regelung in der Richtung des Entwurfs wünschenswerth
erscheinen lasse, war in den sachverständigen Kreisen ebenfalls eingehend erwogen worden. Eine besonders lebhafte,
über den Bereich der amtlichen Erhebungen weit hinausgehende
Erörterung erfuhr sie an den Hauptsitzen der deutschen Goldwaarenindustrie: in Hanau, Stuttgart, Schwäbisch-Gmünd und
Pforzheim. Während, von letzteren Orten abgesehen, in Süddeutschland fast einstimmig, in Norddeutschland und namentlich

in Berlin einstimmig die Ausdehnung des Entwurfs auf die
Goldwaaren gewünscht wurde, bildeten sich in den genannten
Städten unter der Einwirkung lebhafter Agitationen zwei
Parteien, von welchen die eine ebenso entschieden für diese
Ausdehnung war, wie die andere dieselbe verwarf. In Stutt-
gart und Gmünd schien wie von der letzteren vertretene Auf-
fassung nur wenig Anhänger zu besitzen, in Pforzheim war
sie anscheinend die überwiegende, in Hanau waren beide
Meinungen stark vertreten.

Gesetzentwurf vom Jahre 1878.

Das Ergebniss der Erhebungen vom Jahre 1875 durfte
im ganzen als eine Bürgschaft dafür angesehen werden, dass
mit den Grundsätzen des aufgestellten Entwurfs, von Einzel-
heiten abgesehen, der richtige Weg für die Lösung der
schwebenden Frage eingeschlagen war. Während Fabrikation
und Handel in ihrer freien Bewegung dadurch nicht beschränkt
wurden, wurde doch den betheiligten Kreisen die Möglichkeit
geboten, aus eigener Initiative einfachere und solidere Verhältnisse in das Edelmetallgewerbe einzuführen. So gewährte
der Entwurf einen beachtenswerthen Vortheil, ohne andererseits Gefahren zu erzeugen. Von diesem Gesichtspunkte aus
musste es sachgemäss erscheinen, auch die Goldwaaren unter
das Gesetz zu stellen. Die Grundlagen des Entwurfs konnten
demnach bei den weiteren Vorarbeiten umsomehr festgehalten
werden, als dieselben, und zwar auch in der Anwendung auf
die Goldwaarenindustrie, der Auffassung der meisten, durch
die Industrie ihrer Länder an der Frage betheiligten Bundes-
regierungen entsprachen.

Demgemäss gelangte nach weiteren eingehenden Berathungen im Bundesrath unter dem 6. März 1878 der nachstehende „Entwurf eines Gesetzes über den Feingehalt der
Gold- und Silberwaaren" an den Reichstag.

§ 1.

Eine Angabe des Feingehalts auf Gold- und Silberwaaren
ist nur nach Maassgabe der folgenden Bestimmungen gestattet.

§ 2.

Auf Silberwaaren darf der Feingehalt nur in 800 oder
mehr Tausendtheilen, auf Goldwaaren nur in 580 oder mehr
Tausendtheilen angegeben werden.

Der wirkliche Feingehalt darf weder im Ganzen der
Waare noch auch in deren einzelnen Bestandtheilen bei

Silberwaaren mehr als 8, bei Goldwaaren um mehr als 5 Tausendtheile unter dem angegebenen Feingehalt bleiben. Bei Ermittelung des Feingehalts bleibt die Löthung ausser Betracht.

§ 3.

Die Angabe des Feingehalts geschieht durch ein Stempelzeichen, welches die Zahl der Tausendtheile und die Firma
des Geschäfts, für welches die Stempelung bewirkt ist,
kenntlich macht. Die Form des Stempelzeichens wird durch
den Reichskanzler bestimmt.

§ 4.

Ausländische Waaren, deren Feingehalt durch eine diesem
Gesetze nicht entsprechende Bezeichnung angegeben ist,
dürfen feilgehalten werden, wenn sie ausserdem mit einem
Stempelzeichen nach Maassgabe dieses Gesetzes versehen sind.

§ 5.

Für die Richtigkeit des angegebenen Feingehalts haftet
der Verkäufer der Waare. Ist deren Stempelung im Inlande erfolgt, so haftet gleich dem Verkäufer der Inhaber
des Geschäfts, für welches die Stempelung erfolgt ist.

§ 6.

Gold- oder Silberwaaren, auf welchen der Feingehalt
angegeben ist, dürfen mit anderen metallischen Stoffen nicht
ausgefüllt sein: Verstärkungsvorrichtungen, welche im Innern
der Waare angebracht sind, dürfen mit der letzteren metallisch
nicht verbunden sein.

§ 7.

Mit Geldstrafe bis zu Eintausend Mark oder mit Gefängniss wird bestraft:
1. wer Gold- oder Silberwaaren, welche nach diesem Gesetz
   mit einer Angabe des Feingehalts nicht versehen sein
   dürfen, mit einer solchen Angabe versieht;
2. wer Gold- oder Silberwaaren, welche nach diesem Gesetz
   mit einer Angabe des Feingehalts versehen sein dürfen,
   mit einer anderen als der nach diesem Gesetz zulässigen
   Feingehaltsangabe versieht;
3. wer andere Waaren als Gold- und Silberwaaren mit
   einer nach diesem Gesetz für den Feingehalt von Gold-
   und Silberwaaren zulässigen oder einer ähnlichen Angabe versieht;
4. wer Waaren feilhält, welche mit einer diesem Gesetze
   nicht entsprechenden Angabe versehen sind.

Mit der Verurtheilung ist zugleich auf Vernichtung der
gesetzwidrigen Bezeichnung oder, wenn diese in anderer

Weise nicht möglich ist, auf Zerstörung der Waare zu
erkennen.

§ 8.

Dieses Gesetz tritt am 1. Juli 1879 in Kraft. An demselben Tage treten alle landesrechtlichen Bestimmungen über
den Feingehalt der Gold- und Silberwaaren ausser Geltung.

Der vorstehende Entwurf liess somit die volle Freiheit
bestehen, Waaren in jedem Feingehalte herzustellen, und zwang
Niemand, den Feingehalt auf der Waare anzugeben. Dagegen
sollten gewisse Grade des Feingehalts auf den Waaren durch
eine bestimmte, in ganz Deutschland gleiche Stempelung bezeichnet werden können und andere als diese Gehaltsbezeichnungen überhaupt nicht zulässig sein. Die maassgebenden
Gesichtspunkte waren dabei auf ein zwiefaches Ziel gerichtet:
zunächst sollte das Publikum im Handel und Verkehr mehr
als bisher gegen Täuschung gesichert werden; sodann sollte
die Fabrikation in ihren auf die Vereinfachung der bestehenden
Legirungsverhältnisse gerichteten Bemühungen durch das Gesetz
unterstützt werden.

„Auch in dieser zweiten Beziehung", sagen die Motive des
Entwurfs, „ist das Interesse des Publikums betheiligt, weil
Täuschungen um so eher möglich sind, je mannigfaltiger
die Legirung der auf dem deutschen Markt angebotenen
Waaren ist. Aber vorwiegend wird dadurch doch den Interessen
des Gewerbes Rechnung getragen, insofern für dieses die
Kosten und die Schwierigkeiten der Fabrikation sich steigern,
je verschiedener der Gehalt des auf dem Markt verkäuflichen
rohen und Bruchmetalls und je mannigfaltiger der Feinheitsgrad der von dem Publikum verlangten Waare ist.

„Nach beiden Richtungen hin sucht der Entwurf nicht
durch Zwang und Verbote, sondern dadurch zu wirken, dass
er Waaren, welche eine in technischer und wirthschaftlicher
Rücksicht vortheilhafte Legirung enthalten, durch gewisse Be-
günstigungen auszeichnet: das Publikum soll darauf hinge-
wiesen werden, vorzugsweise Waaren eines bestimmten Feingehalts zu verlangen, und andererseits das Gewerbe angeregt
werden, vorzugsweise auf die Anfertigung solcher Waaren sich
zu verlegen. Während damit Fabrikation und Handel in ihrer
freien Bewegung nicht beschränkt werden, ist doch den betheiligten Kreisen die Möglichkeit geboten, aus eigener Initiative
einfachere und solidere Verhältnisse in das Edelmetallgewerbe
einzuführen. So gewährt der Entwurf einen beachtenswerthen
Vortheil, ohne andererseits Gefahren zu erzeugen. Es ist zu-
zugestehen, dass seine Bestimmungen insofern an einem Mangel
leiden, als sie eine unmittelbare und sichere Wirkung in der
von ihnen begünstigten Richtung nicht zu äussern vermögen.
Erst allmählich wird die Erfahrung ergeben, ob die betheiligten

Kreise — die Gewerbetreibenden ebensowohl wie die Käufer — geneigt sind, den ihnen geöffneten Weg mit Ernst zu beschreiten. Erfüllt sich diese Aussicht nicht, so kann immer noch erwogen werden, ob die Gesetzgebung mit strengeren Bestimmungen vorangehen soll. Erfüllt sie sich ·aber, so werden erhebliche wirthschaftliche Vortheile erreicht werden, ohne die Fabrikation und den Handel in irgendwie empfindlicher Weise einzuengen."

Die gesetzliche Regelung sollte somit nicht auf der Basis des „Legirungszwanges" (vergl. oben S 9) erfolgen. Zwar beruhte und beruht noch heute die Gesetzgebung in den grossen Nachbarländern Deutschlands, insbesondere England, Frankreich und Oesterreich-Ungarn, auf dem sogenannten Legirungszwange, wobei die Verarbeitung von Gold und Silber nur in wenigen bestimmten, meist hohen Feingehaltsstufen zugelassen wird. „Eine solche, sehr empfindliche Beschränkung des Gewerbes", sagen die Motive, „ist für Deutschland aus keinem Gesichtspunkte des öffentlichen Wohles zu begründen. Im Gegentheil liegt es durchaus im Interesse unserer Industrie, dass Niemandem verwehrt wird, in jeglicher Metallmischung, wie es dem augenblicklichen Begehr entspricht, zu arbeiten. Je mehr die Fortschritte in der Technik des Vergoldens, Versilberns und Plattirens, sowie in dem Anfertigen und Ausfüllen hohler Waaren die Darstellung von Gegenständen mit einer mehr oder weniger starken Hülle aus edlem Metall in Aufnahme gebracht haben, um so nachtheiliger muss das Gewerbe durch eine Beschränkung in der Legirungsweise berührt werden. Ganz besonders empfindlich sind in dieser Beziehung das Kunstgewerbe und der Ausfuhrhandel. Jenes wie dieser verlangen die möglichste Freiheit in der Anwendung des zu den verschiedenen Waaren zu verwendenden Materials."

Andererseits verwirft der Entwurf auch den Stempelungszwang (oben S. 9), aus den vorhin angeführten Gründen. Derselbe adoptirt vielmehr das oben als drittes aufgeführte System des Stempelungsverbots für die nicht normalgehaltigen (die niedrigen) Legirungen.

Hinsichtlich der Durchführung der Stempelung wird von der Einführung amtlicher Punzirung Umgang genommen, dagegen das Repressivsystem (oben S. 9) eingeführt, und zwar auch hinsichtlich der vom Auslande eingeführten Waaren.

Berathung des Gesetzentwurfs im Reichstag.

Am 21. März 1878 fand im Reichstag die erste Berathung des Gesetzentwurfs statt, wobei sich drei Redner im ganzen für, ein Redner gegen die beabsichtigte Regelung aussprachen und schliesslich die Verweisung an eine Vierzehner-Kommission beschlosse wurde.

Ausweislich des Kommissionsberichts vom 10. Mai 1878, Nr. 231 der Drucksachen des Reichstags, war die überwiegende Mehrheit der Kommission für die Vorlage. Von der Kommission wurde im § 1 der Gedanke, dass Gold- und Silberwaaren zu jedem Feingehalt angefertigt und feilgehalten werden dürfen, ausdrücklich ausgesprochen, im § 2 der stempelfähige Feingehalt bei Gold von 580 auf 585 Tausendtheile erhöht, und zu § 4 der Zusatz beschlossen, dass Waaren, welche für den Absatz im Inlande nicht bestimmt sind, den Beschränkungen der §§ 2 und 3 nicht unterliegen sollen.

Wegen Schlusses der Reichstagssession fand eine zweite Berathung der Vorlage im Plenum nicht statt.

Reichstags-Petitionen aus den Jahren 1880 und 1881.

Im Jahre 1880 petitionirten Bruckmann und Söhne in Heilbronn und im Jahre 1881 Wilkens und Söhne in Bremen und Genossen beim Reichstag um gesetzliche Regelung des Feingehalts der Gold- und Silberwaaren.

Die Petitionskommission erstattete zu diesen Petitionen im Jahre 1880 einen mündlichen Bericht und im Jahre 1881 einen schriftlichen Bericht, jedesmal mit dem Antrage,

dem Herrn Reichskanzler die Petitionen zur Erwägung zu überweisen.

(Drucksachen des Reichstags 1880 Nr. 110, 1881 Nr. 235.) Beide Male gelangten die Kommissionsberichte indessen wegen Sessionsschlusses nicht zur Verhandlung im Plenum.

Aus dem Berichte vom Jahre 1881 ist die in denselben aufgenommene, im Jahre 1880 abgegebene Erklärung des Bundesrathskommissars Geheimraths Nieberding bemerkenswerth:

die Reichsregierung habe sich keineswegs schlüssig gemacht, das Gesetz fallen zu lassen, es sei vielmehr dessen Wiedereinbringung nur durch die Fülle anderer, wichtigerer Aufgaben verschoben worden.

Die Kommission selbst sprach ihre Ueberzeugung dahin aus, „dass der Erlass eines Gesetzes nach dem mehrfach erwähnten Entwurf über die Festsetzung des Feingehalts dazu beitragen wird, die Bestrebungen unserer Fabrikanten zur Hebung unserer Kunstgewerbe und zur Wiedererlangung des Vertrauens zu deutschen Gold- und Silberwaaren zu unterstützen“.

Gesetzgeberische Maassregeln in der Schweiz und in Frankreich.

Während in der vorangegebenen Weise sich die gesetzgebenden Faktoren in Deutschland mit der Regelung des Feingehalts der Gold- und Silberwaaren abmühten, ohne zu einem Resultat zu gelangen, erliess die Schweiz unter dem 23. Dezember 1880 ein Bundesgesetz, betreffend die Kontrolirung und Garantie des Feingehalts der Gold- und Silberwaaren, dem eine Vollziehungsverordnung vom 17. Mai 1881 folgte. Andererseits brachten in der französischen Deputirtenkammer die Deputirten Viette, Lockroy und Genossen einen auf die Materie bezüglichen Gesetzentwurf im Februar 1882 ein (Documents parlementaires: Chambre S. 340).

Das schweizerische Gesetz führte für 18- und 14karätige Uhrgehäuse ($^{750}/_{1000}$ und $^{583}/_{1000}$ Goldgehalt), sowie für $^{875}/_{1000}$ und $^{800}/_{1000}$ haltige Silberwaaren, sofern sie als solche bezeichnet sind, eine obligatorische Kontrolirung und Stempelung ein, für andere Gold- und Silberwaaren eine fakultative Kontrolirung.

Sollte durch dieses Gesetz der amtlich gestempelten schweizerischen Waare im Ausland ein erhöhter Werth verliehen und deren Absatz dadurch erleichtert werden, so lag das gleiche Motiv dem vorerwähnten französischen Gesetzentwurf zum Grunde. Die Motive zu diesem Gesetzentwurf sagen in dieser Beziehung:

„Mit Rücksicht darauf, dass seit der Veröffentlichung des Gesetzes vom 19. Brumaire des Jahres VI der innere Werth der zur Juwelier- und Goldschmiedearbeit im Auslande verwendeten edlen Metalle beständig in der Abnahme begriffen ist;

dass jenseits unserer Grenzen goldene und silberne Waaren von jedem Gehalt gefertigt werden, während französische Produzenten selbst zur Ausfuhr kein Gold unter 750 und kein Silber unter 800 Tausendsteln verwenden können;

dass unter diesen nachtheiligen Umständen die Konkurrenz auf den fremden Märkten ihnen fast unmöglich ist;

dass es leicht sein würde, durch Festsetzung eines vierten Gehalts (titre) und eines demselben entsprechenden Stempels (poinçon, Punze) dieser Lage der Dinge abzuhelfen, ohne die Interessen des Schatzes und den Ruf der Rechtlichkeit unserer Fabrikation zu schädigen und den konventionellen Tarifen zu nahe zu treten —

aus diesen Gründen ist es angemessen, das Gesetz vom Jahre VI auf die nachstehende Weise zu verbessern

Gesetzentwurf.

Art. 1. Mit Aufhebung des Artikels 4 des Gesetzes vom
19. Brumaire des Jahres VI sind die Goldschmiede,
Juweliere, Juwelenhändler und Fabrikanten von goldenen
Uhrgehäusen befugt, unter Kontrole und Bürgschaft des
Staats ausschliesslich zur Ausfuhr bestimmte Arbeiten
aus Gold zum Gehalt von 584 Tausendsteln . und aus
Silber von 600 Tausendsteln zu fertigen.
Ein besonderer den Gehalt angebender Stempel und ein
eigenthümliches, die Bestimmung der Waare zur Ausfuhr
ausweisendes Gepräge werden durch das Departements-
stempelamt auf diesen Gegenständen angebracht.

Art. 2. Jedem Fabrikanten, Kaufmann, Händler und
Kommissionär ist verboten, unter irgend einem Vorwande
goldene oder silberne Waaren, welche ·mit geringerem
als dem durch das Gesetz vom 19. Brumaire bestimmten
Gehalte verfertigt sind, zum innern Verbrauch zu liefern.

Art. 3. Bezüglich aller übrigen Bestimmungen unterliegen
die in Rede stehenden Gegenstände den Vorschriften des
Gesetzes vom 19. Brumaire des Jahres VI."

Der Gesetzentwurf ist sodann in sehr erweiterter Form
und 10 Artikel enthaltend am 3. Juli 1882 von der Kammer
der Abgeordneten angenommen worden (Débats parlementaires:
Chambre 1882 S. 1130) und unter dem 25. Januar 1884 als
Gesetz publizirt (Journal officiel Nr. 25 vom 26. Januar 1884).

Der Wortlaut dieses Gesetzes nebst der dazu erlassenen
Ausführungsverordnung, sowie des vorerwähnten schweizerischen
Gesetzes nebst Ausführungsverordnungen ist wegen der Bedeutung, welche dieselben besonders für Deutschland haben,
weiter unten mitgetheilt werden. — Dort finden sich auch die
uns nahe angehenden belgischen und österreichischen Gesetzes-
bestimmungen zusammengestellt, während von einer weiteren Behandlung der Gesetzgebungen von Spanien, England, Russland,
Schweden und Norwegen — sämmtlich mit obligatorischer
Feingehaltsbestimmung und Legirungszwang —, sowie von
Holland und Italien — mit fakultativer Feingehaltsbestimmung —
abgesehen worden ist.

Regierungsvorlage vom Jahre 1884.

Musste durch die vorerwähnten legislativen Maassnahmen
in den Nachbarländern die Aufmerksamkeit der auf die
Förderung der nationalen Arbeit bedachten Reichsregierung
erweckt werden, so unterliessen auch einzelne Handelskammern

(Osnabrück u. a.) es nicht, auf die Nothwendigkeit der Regelung
des Feingehalts der Gold- und Silberwaaren hinzuweisen, und
wurde in der für die Berathung der 1883er Gewerbeordnungs-
Novelle eingesetzten Reichstagskommission an den diese Vorlage vertretenden Regierungskommissar die Anfrage gerichtet,
ob nicht jene Regelung wieder in Angriff genommen
werden solle.

Die verbündeten Regierungen nahmen unter diesen Umständen den Gesetzentwurf vom Jahre 1878 wieder auf, trugen
den von der Reichstagskommission s. Z. beschlossenen, vorwiegend redaktionellen Aenderungen im wesentlichen Rechnung
und beschlossen ausserdem noch einzelne die Hauptprinzipien
des alten Entwurfs unberührt lassende Abweichungen von dem
letztern. Insbesondere wurden die Hauptgrundsätze der früheren
Vorlage,

dass Gold- und Silberwaaren zwar zu jedem Feingehalt angefertigt, mit einem Zeichen des Feingehalts aber nur
dann bezeichnet werden dürfen, wenn sie einen bestimmten
Gehalt an Edelmetall besitzen,

dass das Feingehaltszeichen im ganzen Reich ein einheit-
liches sein und in unzweifelhafter Weise den wirklichen
Feingehalt erkennen lassen soll,

dass endlich jeder Verkäufer der Waare, und sofern deren
Stempelung im Inlande erfolgt ist, auch der Inhaber des
Geschäfts, für welches dieselbe erfolgte, für die Richtigkeit
des angegebenen Feingehalts haftet,

unverändert aufrecht erhalten.

Unter dem 6. März 1884 gelangte der Gesetzentwurf an
den Reichstag (Nr. 6 der Drucksachen).

Zu demselben ist noch Folgendes zu bemerken.

Der Gesetzentwurf bezog sich, wie insbesondere aus der
Fassung des § 4 hervorging — vergl. den Gesetzentwurf
in dem Anhang zum Kommissionsbericht unten Seite 46 —
nur auf den inländischen Verkehr; er sollte nur auf solche
Fabrikationsgegenstände Anwendung finden, welche im inländischen Handel feil gehalten werden. Ebenso wurden solche
Gegenstände, welche ausserhalb des gewerblichen Verkehrs
durch Verkauf von Hand zu Hand gehen, durch den Entwurf
nicht getroffen. Mit Rücksicht auf den derart beschränkten
Geltungsbereich des Entwurfs erschien es nicht nöthig, Ausnahmen von einzelnen Bestimmungen zu machen. Insbesondere
unterblieb dies in Ansehung älterer Gold- oder Silbergeräthe,
welche einen besonderen Kunst- oder Alterthumswerth be-
haupten, zumal sich an diesen Geräthen eigentliche Feinheits-
zeichen, welche nach den Bestimmungen des Entwurfs als
unzulässig gelten mussten, nur selten vorfinden werden.

Der Entwurf ging davon aus, dass nur bessere Metall-

2 *

mischungen mit der Bezeichnung des Feingehalts versehen
werden dürfen. Dass für die sogenannte kurrente Waare sich
mehrere Legirungen in Deutschland eingebürgert hatten, und
zwar für Silberwaaren in Süddeutschland eine schwerere als in
Norddeutschland, und in Norddeutschland selbst noch verschiedene, wurde je länger desto mehr in weiten Kreisen als
ein Uebelstand empfunden. Derselbe konnte nur dadurch beseitigt werden, dass der besseren Legirung ein gewisser Vorzug
eingeräumt wurde, indem die Hervorhebung des Feingehalts
nur für sie gestattet blieb. In den gewerblichen Kreisen war
die Zahl derjenigen Stimmen, welche, diesem Grundsatze entgegen, für jede Mischung die Angabe des Feingehalts gestattet
wissen wollten, eine verschwindend kleine gewesen. Kein erhebliches Interesse wurde verletzt, wenn die Bezeichnung des
Feingehalts für die niedrigen Feinheitsstufen ausgeschlossen
wurde; die Folge konnte lediglich die sein, dass in manchen
Kreisen mehr Werth als bisher auf den Besitz gestempelter
Geräthe gelegt, dass damit die Nachfrage nach solcher Waare
gesteigert und, wie dies in der Absicht lag, die Verbreitung
schlechterer Waare eingeschränkt wurde.

Die Angabe des Feingehalts sollte nach dem Entwurfe
durch den Fabrikanten oder durch den Händler erfolgen
können. Eine amtliche Prüfung der Richtigkeit des Zeichens
sollte nicht stattfinden. Die Einzeichnung sollte unter der
Verantwortlichkeit der Fabrikanten und Händler geschehen
und lediglich unter ihre und der Käufer Kontrole gestellt werden.
Gegen die Einführung einer fakultativen Kontrole durch
öffentliche Beamte hatten nicht nur zahlreiche Sachverständige
sich ausgesprochen, sondern auch die in Bayern gesammelten
Erfahrungen sprachen dagegen. Denn dort bildete diese
fakultative behördliche Kontrole geltendes Recht; thatsächlich
war aber von derselben nur äusserst selten Gebrauch gemacht
worden. Der Entwurf nahm deshalb jene fakultative Kontrole,
für welche ein allgemeines Interesse nicht anerkannt werden
konnte, nicht auf. Die Motive zu § 1 (S. 10 a. a. O.) sagen
in dieser Beziehung:

„Soweit an einzelnen Orten das Bedürfniss nach entsprechenden Einrichtungen hervortreten sollte, sind die
betheiligten gewerblichen Kreise in der Lage, sich selbst
zu helfen, und sie haben dies bereits mehrfach gethan,
indem sie sich einer Kontrole durch gewählte Sachverständige
unterwerfen. Auch ist die Gesetzgebung hier schon insofern
entgegengekommen, als durch § 36 der Gewerbeordnung
ein Weg gegeben ist, um den kontrolirenden Sachverständigen mittels der Berufung durch die verfassungsmässig
dazu befugten Staats- oder Kommunalbehörden oder Kor-
porationen das allgemeine Vertrauen zu sichern. Eine
weitere gesetzliche Begünstigung der Kontrole würde nicht

nur über das Bedürfniss hinausgehen, sondern auch mit vielfachen Unbequemlichkeiten, mit unverhältnissmässigen Kosten für die Gewerbetreibenden verbunden sein. Sie würde endlich noch die Gefahr erzeugen, dass die Fabrikation in den grösseren Orten, welche eine Kontrolstelle besitzen, begünstigt wird zum Nachtheile der kleineren Orte, welche den Kontrolstellen mehr oder weniger fern gelegen, nur mit Zeitverlust, mit Unbequemlichkeiten aller Art und mit erhöhten Kosten deren Dienste in Anspruch nehmen könnten. Die Kleinindustrie, die gerade in der Gold- und Silberwaarenfabrikation noch einen gesunden Boden hat, würde somit zu Gunsten der Grossindustrie beeinträchtigt werden." —

Im § 2 wurde der stempelungsfähige Feingehalt bei Goldwaaren von 580 auf 585 Tausendtheile, d. h. 2 Tausendtheile mehr als 14 Karat, erhöht. Damit sind die nach den oben Seite 17 u. 18 angeführten schweizerischen und französischen Gesetzen zu 14 Karat für den Export angefertigten Waaren in Deutschland nicht stempelungsfähig. Jene Waaren dürfen in Deutschland mit einem Feingehaltsstempel überhaupt nicht verkauft werden.

Die Stempelung des 12karätigen Goldes konnte nicht in Frage kommen, da eine Waare, die nur zur Hälfte von Gold ist, nicht als „Gold" gestempelt werden kann. Beim Silber ging man nicht unter $^{800}/_{1000}$ hinunter, weil dieses Mischungsverhältniss der Legirung zu 13 Loth am nächsten lag. Diese letztere Legirung verdiente aber in technischer Beziehung den Vorzug vor geringhaltigeren Mischungen: dieselbe herrschte nicht nur in einem grossen Theile des Reichs bereits thatsächlich, sondern war in Bayern auch gesetzlich als normaler Feingehalt der Silberwaaren anerkannt; endlich liess sich die so wünschenswerthe Einführung einer gleichmässigen Legirung nur auf dieser Feingehaltsstufe erreichen, da wohl gehofft werden durfte, dass die damals noch mit weniger feinem Silber arbeitenden Gewerbetreibenden demnächst zu einer höheren Gehaltsstufe übergehen würden, aber keine Aussicht vorhanden war, dass dort, wo das 13löthige Silber gebräuchlich war, Gewerbetreibende und Konsumenten sich bestimmen lassen würden, eine niedrigere Mischung anzunehmen.

Für die 585, bezw. 800 Tausendtheile übersteigenden Mischungen enthielt der Entwurf keine Beschränkungen. Er gestattete jeden über den bezeichneten Stufen stehenden Feinheitsgrad auf den Waaren anzugeben. Eine gesetzliche Beschränkung hätte hier nur den Zweck haben können, auch für die feineren Legirungen der Edelmetallwaaren die Zahl der Gehaltsabstufungen möglichst zu verringern. Allein an dieses Ziel knüpfte sich weder für die Fabrikation, noch auch für das grössere Publikum ein erhebliches Interesse. Der Markt für feiner legirte Waaren ist in Deutschland ein sehr

beschränkter, der Verbrauch innerhalb der Bevölkerung wird
immer überwiegend auf Waaren des niedrigsten zur Bezeichnung des Gehalts zugelassenen Feinheitsgrades gerichtet
sein, eines Feinheitsgrades, welcher nach unseren wirthschaftlichen Verhältnissen die Waaren nicht zu sehr vertheuert und
welcher in technischer Beziehung ein tüchtiges Fabrikat re-
präsentirt. Auf der anderen Seite würde eine Vorschrift, nach
welcher nur einzelne bestimmte Legirungen mit dem Feingehalt bezeichnet werden dürfen, nicht nur die Gefahr erzeugen,
dass der Absatz nach dem Auslande, das vielleicht sehr verschiedene Legirungen, und zwar unter der Garantie eines
Feinheitsstempels verlangt, empfindlich beschränkt wird, sondern
auch die Entwickelung der Kunstindustrie hemmen, die in der
Wahl der feineren Legirungen eine freie Bewegung beansprucht.
Dem sehr fragwürdigen Nutzen irgend welcher Beschränkung
standen also sehr beachtenswerthe Nachtheile gegenüber.

Hinsichtlich der zwischen dem wirklichen und dem angegebenen Feingehalt zulässigen Abweichung (Fehlergrenze,
Remedium) bestimmte der Entwurf, dass dieselbe bei Silberwaaren 8, bei Goldwaaren 5 Tausendtheile an den lothfreien
Stellen betragen dürfe. Die Löthung solle ausser Betracht
bleiben. Der Entwurf folgte darin nicht dem Vorschlag der
1878er Reichstagskommission, welcher die Löthung mit in Betracht ziehen, dafür aber das Gesammtremedium (bei der
sammt der Löthung eingeschmolzenen Waare) in beiden Fällen
auf 10 Tausendtheile erhöhen wollte.

Eine Unterscheidung zwischen gelötheten und nicht gelötheten Waaren und die Bestimmung eines höheren Gesammt-
remediums für erstere wurde für nicht zweckmässig erachtet,
weil, je mehr Unterscheidungen in die Materie hineingetragen
würden, desto schwieriger die Kontrole der Waare und desto
fraglicher der Nutzen des ganzen Gesetzes werden müsse.

Die Stempelung der Waaren erfolgt durch die Betheiligten
mittels eines Stempels, welcher von jedem Einzelnen zu be-
schaffen und der vom Bundesrath bestimmten Form genau
nachzubilden ist; ausserdem soll die Firma des Geschäfts, für
welches die Stempelung bewirkt wird, sowie die Zahl der
Tausendtheile durch Stempelung ersichtlich gemacht werden.

Hinsichtlich der Exportwaaren bestimmte der Entwurf
(§ 4), dass dieselben den Beschränkungen des Gesetzes nicht
unterliegen sollen. Es sollte also zulässig sein, die Exportwaaren mit den an den Bestimmungsorten geltenden oder
sonstigen Stempeln zu versehen, und ebenso die Waaren,
die anders, als im § 2 vorgesehen, legirt oder gelöthet
worden, mit einer dem vorhandenen Feingehalt entsprechenden
Feingehaltsmarke zu bezeichnen. Dagegen sollte es nicht ge-
duldet werden, Exportwaaren mit einem Zeichen nach Maassgabe der §§ 2 und 3 zu versehen, obgleich die Waaren
den Anforderungen des § 2 nicht entsprechen, also schlechten

Exportwaaren den durch das Gesetz zu schaffenden Stempel
für gute Waaren aufzudrücken. Eine Strafsanktion hierfür
fand sich in § 7 Ziffer 2—4 in Verbindung mit § 5.

Auf den Handel mit den vom Auslande eingeführten
Waaren bezog sich der Absatz 2 des § 4. Wurde die Auslandswaare bedingungslos unter die allgemeinen Bestimmungen
des Entwurfs gestellt, so musste die Einführung solcher Waare
in hohem Maasse erschwert werden, da dieselbe regelmässig
bereits bei der Fabrikation die durch die Gesetzgebung des
Fabrikationsortes vorgesehene Bezeichnung erhält. Wurden
umgekehrt die Bestimmungen des Gesetzes auf die im Inlande
hergestellten Waaren beschränkt, so würde darin eine Begünstigung der ausländischen Waare gelegen haben. Der
einzige Weg, um diese Schwierigkeiten zu vermeiden, war
der in dem Entwurf gewählte, wonach die Importwaaren, deren
Feingehalt durch eine dem Gesetze nicht entsprechende Bezeichnung angegeben ist, im Inlande nur dann feilgehalten
werden dürfen, wenn sie ausserdem mit einem Stempelzeichen
nach Maassgabe des Gesetzes versehen sind. Wenn dieser Weg
für den Einfuhrhandel immerhin noch eine gewisse Belästigung
mit sich brachte, so konnte dies um so weniger Bedenken
erregen, als die deutsche Waare im ausländischen Verkehr
im allgemeinen nicht günstiger gestellt ist.

Nach dem Wortlaut und Sinne der Bestimmungen des
§ 4 Absatz 2 sollte deutsche Exportwaare, welche zum Verkauf
im Inland wieder importirt wurde, der Auslandswaare gleich
geachtet werden.

Die §§ 5 und 7 regelten die zivilrechtlichen und straf-
rechtlichen Folgen, welche sich an den Verkauf einer mit
einem unrichtigen Feingehalte bezeichneten Waare knüpfen
sollten; § 6 bezog sich auf die sogenannten Kittwaaren und
die im Innern der Waaren angebrachten Verstärkungsvorrichtungen; § 8 endlich schob die Gesetzeskraft bis zum
1. Januar 1886 hinaus.

Berathung des Gesetzentwurfs im Reichstag.

Unter dem 12. März 1884 fand die erste Berathung der
Vorlage im Reichstage statt. Mit Ausnahme eines Redners
sprachen sich die Vertreter der verschiedenen Fraktionen im
allgemeinen zu Gunsten der Vorlage aus, welche an eine aus
14 Mitgliedern bestehende Kommission verwiesen wurde. Die
letztere hielt ihre erste Sitzung am 18. März, die ferneren
Sitzungen vom 23. April 1884 an ab.

War die Stimmung der Kommission dem Entwurf in der

ersten Sitzung durchaus günstig gewesen, so hatte sich in
der Zwischenzeit hinsichtlich der Schmucksachen (im
Gegensatz zu den Geräthen) bei manchen Kommissionsmitgliedern ein Umschwung vollzogen.

Der Grund für diesen Stimmungswechsel lag darin, dass
von den Fabrikanten geringhaltiger Schmucksachen eine hef-
tige Agitation gegen die Stempelung der besseren Schmucksachen ins Leben gerufen wurde. Dieselben befürchteten, dass
ihre Fabrikate, welche nur zu $1/4$ bis $1/2$ aus Gold bestehen,
demnächst so gut wie unverkäuflich sein würden, wenn dieselben den Stempel nicht trügen. Das Publikum werde nur
die gestempelten feinhaltigen Schmucksachen kaufen, die un-
gestempelten, auch wenn sie eine noch so schöne Form hätten,
als „unechte", als „Schund" ansehen. Zum Verschenken werde
sich eine ungestempelte Waare auf die Dauer gar nicht mehr
eignen. Dadurch würde eine empfindliche Schädigung zahl-
reicher Betriebe, welche mit der Herstellung geringhaltiger
Schmucksachen sich befassen, herbeigeführt werden.

Dem gegenüber unterliessen die Fabrikanten feinhaltiger
Schmucksachen zwar nicht hervorzuheben, es liege doch kein
Grund vor, ihnen um jener geringhaltigen Waare willen die
Möglichkeit vorzuenthalten, unter gesetzlichem Schutze den
Feingehalt auf ihren Waaren anzugeben. Es sei unrecht, die
Schmucksachen von jedwedem Feingehalt gleich zu behandeln
und dem Publikum es unmöglich zu machen, sich vor Täuschung
und Betrug in einfacher Weise wirksam zu sichern.

Die Kommission hielt in ihrer Mehrheit angesichts jener
auch in die Kreise der Kleinindustrie übertragenen Agitation
an dem Entwurf hinsichtlich der Schmucksachen nicht in
vollem Umfange fest. Vielmehr gab sie — nicht ohne leb-
haften Widerspruch der Minderheit — die ausschliessliche
Stempelung feinhaltiger Schmucksachen preis, verbot überhaupt
die Anbringung des vom Bundesrath zu bestimmenden Stempelzeichens auf irgend welchen Schmucksachen, gestattete dagegen
die einfache Angabe des Feingehalts mittels eines Zahlenstempels in Tausendtheilen (ohne jenes bundesräthliche Stempelzeichen) auf allen, auch den geringhaltigen Edelmetallschmuck-
sachen und machte den Verkäufer für die Richtigkeit des
angegebenen Feingehalts zivil- und strafrechtlich verantwortlich.

Somit kann also auch bei Schmucksachen das Publikum
sich dagegen sichern, Waaren von geringerem Gehalte zu erhalten, als es zu kaufen meint, indem es den Feingehaltsstempel sich nachweisen lässt. Dagegen ist die Auszeichnung
feinhaltiger Schmuckgegenstände durch das vom Bundesrath
bestimmte Stempelzeichen ausgeschlossen.

Goldene und silberne Uhrgehäuse wurden von der Kommission den Geräthen gleichgestellt.

Inbetreff der letzteren wurde sodann, nach Ausscheidung der Schmucksachen, die Verschärfung eingeführt, dass der Gegenstand, im Ganzen und mit der Löthung eingeschmolzen, die Fehlergrenze von fünf (bei silbernen Geräthen von acht) Tausendtheilen nicht überschreiten darf. Andererseits wurde mit Rücksicht auf die Ausscheidung der Schmucksachen die von den Exportwaaren handelnde Ausnahmebestimmung des § 4 Absatz 1, weil von keinem Bedürfniss zu Gunsten der Geräthe und Uhrgehäuse getragen, beseitigt.

Endlich beschloss die Kommission hinsichtlich der Kittwaaren und im Innern verstärkten Waaren eine im wesentlichen redaktionelle Aenderung des Entwurfs, durch welche die in der Praxis vorkommenden Fälle bestimmt bezeichnet werden.

Als Termin für die Gesetzeskraft wurde der 1. Januar 1888 festgesetzt.

Bei der Schlussabstimmung über den also abgeänderten Gesetzentwurf ergab sich dessen einstimmige Annahme seitens der Kommission. — Da der Bericht der Kommission inbetreff der wirthschaftlichen Bedeutung der deutschen Gold- und Silberwaarenindustrie interessante Angaben enthält, für die Interpretation des Gesetzes werthvolles Material bietet und am Schlusse die Fassung der Regierungsvorlage derjenigen der Kommissionsbeschlüsse gegenüberstellt, ist ein Auszug aus jenem Bericht unter Seite 32 ff. zum Abdruck gebracht worden.

Für die zweite Berathung des Gesetzentwurfs im Plenum des Reichstags (2. Mai 1884) nahm die Minderheit der Kommission den Kampf um die ausschliessliche Stempelung der feineren Schmucksachen nochmals auf. Die Abgeordneten Freiherr von Göler, Haerle, Reiniger und Stötzel beantragten,

 I. dem § 3 b die folgende Fassung zu geben:

„Auf goldenen Schmucksachen darf der Feingehalt nur in 330 oder mehr Tausendtheilen, auf silbernen Schmucksachen nur in 660 oder mehr Tausendtheilen angegeben werden.

Das vom Bundesrath gemäss § 3 bestimmte Stempelzeichen darf auf goldenen Schmucksachen nur bei einem Feingehalte von 585 oder mehr Tausendtheilen, auf silbernen Schmucksachen bei einem Feingehalte von 800 oder mehr Tausendtheilen angebracht werden." —

Absatz 3 wie Absatz 2 der Kommissionsbeschlüsse (siehe unten Seite 45 vorletzter Absatz);

 II. für den Fall der Annahme von § 3 b Absatz 2 nach der oben beantragten Fassung in (dem Strafparagraphen) § 7 nach Ziffer 2 einzuschalten:

2 a. „wer Gold- oder Silberwaaren [welche einen geringeren als den in § 3 b Absatz 2 bezeichneten Feingehalt haben] mit einem dem vom Bundesrathe gemäss

§ 3 bestimmten Stempelzeichen ähnlichen Zeichen versieht;" —
(Drucksachen des Reichstags 1884 Nr. 76).

Es sollte also in Uebereinstimmung mit der Regierungsvorlage der bundesräthliche Stempel nur auf Schmucksachen
von mindestens 585 bezw. 800 Tausendtheilen Feingehalt angebracht werden dürfen; für Schmucksachen von niedrigerem
Feingehalt wurde die Angabe des Feingehalts mit einem
Zahlenstempel nur dann konzedirt, wenn sie mindestens 330
bezw. 660 Tausendtheile Feingehalt hätten.

Die Antragsteller vertheidigten diese Anträge mit einem
Aufgebot grosser Kräfte und erklärten dabei, die Anregung
zu der gegen die Regierungsvorlage inszenirten Agitation sei
keineswegs von den Fabrikanten selbst, sondern von Grossisten
und Detaillisten ausgegangen.

Von der anderen Seite fanden dieselben jedoch ebenso
entschiedene Gegner, welche die Diskreditirung der „guten
Mittelwaaren" in Folge der Stempelung der feineren Waaren
mittels eines Bundesrathsstempels voraussahen und für die
Mittelwaare selbst einen Unterschied, ob Stempelung mit
Zahlenstempel oder Nichtstempelung, unter keinen Umständen
wollten. Die Abstimmung ergab eine geringe Majorität für
die Kommissionsvorlage, welche schliesslich im Ganzen unverändert angenommen wurde.

Das Gleiche fand bei der am 13. Mai 1884 vorgenommenen
dritten Berathung statt.

Zwar hatten die Abgeordneten Freiherr von Göler, Haerle,
Reiniger und Genossen ihren Antrag auf ausschliessliche
Stempelung der Schmucksachen von 585 bezw. 800 Tausendtheilen Feingehalt mittels des bundesräthlichen Stempels —
diesmal ohne die Zulassung eines Zahlenstempels für Schmucksachen von 330 bezw. 660 Tausendtheilen Feingehalt — wieder
eingebracht (Drucksache Nr. 93), denselben indessen bei der
mündlichen Berathung wieder zurückgezogen. So erfolgte die
Annahme der ersten Paragraphen ohne wesentliche Debatte.

Nur zum § 7 (jetzt § 9) rief ein Abänderungsantrag des
Abgeordneten Lenzmann, welcher für das fahrlässige Feil-
halten von Waaren mit einer gegen das Gesetz verstossenden
Bezeichnung eine niedrigere Strafandrohung (Geldstrafe bis
zu 150 Mark) in das Gesetz aufgenommen wissen wollte, eine
längere Auseinandersetzung zwischen ihm und dem Vertreter
der verbündeten Regierungen hervor. Der letztere hatte schon
bei der zweiten Berathung jene Idee bekämpft, worauf dieselbe von dem Abgeordneten Lenzmann einstweilen fallen
gelassen wurde. Jetzt bei der dritten Berathung nahm dieser
dieselbe wieder auf und begründete seinen Antrag mit dem
Hinweis darauf, dass die Fahrlässigkeit anders bestraft werden
müsse als der dolus malus. Ihm wurde erwidert, es sei nicht
nothwendig für den Richter einen näher umgrenzten Tarif

einzuführen. Der Richter werde unschwer das rechte Strafmaass finden. Der Antrag entspreche im allgemeinen nicht den in vielen anderen analogen Gesetzen, namentlich Gewerbegesetzen angewandten Prinzipien; derselbe beschränke die Wirkung des § 7 — welcher in Ermangelung einer behördlichen Kontrole den Rückhalt des Gesetzes bilde — in einer ausserordentlichen Weise, da Jedermann sich hinter der Fahrlässigkeit verstecken und den Beweis des dolus abwarten werde; das Maximum des Strafmaasses von 150 Mark sei auch zu gering angesichts der Umständlichkeit, die damit verbunden sei, eine unrichtige Stempelung nachzuweisen; bei so geringem Strafmaass könne ein gewissenloser Händler getrost lange Zeit falsch gestempelte Waaren mit grossem Vortheil verkaufen; endlich gereiche der Antrag, der dem Vorstehenden nach einer Anforderung der Gerechtigkeit gewiss nicht entspreche, der ausländischen Fabrikation zu Nutzen auf Kosten der inländischen, da der ausländische Fabrikant mit der höheren dolus-Strafe diesseits niemals erreicht werden könne und der inländische Importeur bei der Schwierigkeit, den dolus ihm nachzuweisen, nur die niedrigere Fahrlässigkeitsstrafe zu riskiren habe, so dass auf ausländische falsche Stempelung thatsächlich eine niedrigere Strafe gesetzt sei als auf die inländische. — Die Mehrheit des Reichstags verwarf hiernach den Antrag Lenzmann und nahm sodann das ganze Gesetz mit grosser Mehrheit an.

Was dabei die zu § 3 b (jetzt § 5) vom Reichstag beschlossene Stempelungsunfähigkeit aller „Schmucksachen von Gold und Silber" anlangt, so möge bei der Wichtigkeit der Sache hier schliesslich noch die von dem Kommissar des Bundesraths bei der zweiten Berathung dieserhalb abgegebene Erklärung mitgetheilt werden:

„Es würde also auch im Zusammenhalt mit § 7 Ziffer 3 (jetzt § 9 Ziffer 3) völlig ausgeschlossen sein, dass die von dem Herrn Freiherrn von Göler erwähnte Aluminiumbronze, welche 17½ Tausendtheile Gold enthält, mit irgend einem Feingehaltsstempel versehen würde. Das war auch nicht die Meinung der Kommission, so geringhaltige Metalle mit einem Feingehaltsstempel versehen zu lassen. Es ist event. Sache des Richters, zu entscheiden, ob die gestempelte Schmucksache nach dem Wortlaut des § 3 b noch als »Schmucksache von Gold oder Silber« anzusehen ist, oder ob sie unter § 7 Ziffer 3 fällt, wo von »gold- und silberähnlichen« Sachen die Rede ist."

Eine ähnliche Erklärung findet sich im Kommissionsbericht unten Seite 40: „Zu Nr. 3" u. s. w. Ein Widerspruch hiergegen ist nicht erhoben worden[1].

---

[1] Vergl. § 21 des österreichischen Gesetzes vom 19. August 1865, unten Seite 80.

Die vom Reichstag hinsichtlich der Schmucksachen vorgenommenen Abschwächungen der ursprünglichen Vorlage
bildeten für den Bundesrath keinen Grund, dem also ver-
änderten Gesetzentwurf nicht zuzustimmen. Der letztere gelangte somit unter dem 16. Juli 1884 zur Vollziehung durch
den Kaiser und ist wie folgt im Reichsgesetzblatt 1884 S. 120
verkündet worden:

Gesetz über den Feingehalt der Gold- und Silberwaaren.
Vom 16. Juli 1884.

Wir Wilhelm, von Gottes Gnaden Deutscher Kaiser,
König von Preussen u. s. w. verordnen im Namen des Reichs,
nach erfolgter Zustimmung des Bundesraths und des Reichstags, was folgt:

§ 1.

Gold- und Silberwaaren dürfen zu jedem Feingehalte angefertigt und feilgehalten werden. Die Angabe des Feingehalts auf denselben ist nur nach Maassgabe der folgenden
Bestimmungen gestattet.

§ 2.

Auf goldenen Geräthen darf der Feingehalt nur in 585
oder mehr Tausendtheilen, auf silbernen Geräthen nur in
800 oder mehr Tausendtheilen angegeben werden.

Der wirkliche Feingehalt darf weder im Ganzen der
Waare noch auch in deren einzelnen Bestandtheilen bei
goldenen Geräthen mehr als fünf, bei silbernen Geräthen
mehr als acht Tausendtheile unter dem angegebenen Feingehalte bleiben. Vorbehaltlich dieser Abweichung muss
der Gegenstand im Ganzen und mit der Löthung eingeschmolzen den angegebenen Feingehalt haben.

§ 3.

Die Angabe des Feingehalts auf goldenen und silbernen
Geräthen geschieht durch ein Stempelzeichen, welches die
Zahl der Tausendtheile und die Firma des Geschäfts, für
welches die Stempelung bewirkt ist, kenntlich macht. Die
Form des Stempelzeichens wird durch den Bundesrath
bestimmt.

§ 4.

Goldene und silberne Uhrgehäuse unterliegen den Bestimmungen der §§ 2 und 3.

§ 5.

Schmucksachen von Gold und Silber dürfen in jedem

Feingehalte gestempelt werden und ist in diesem Falle der letztere in Tausendtheilen anzugeben.

Die Fehlergrenze darf zehn Tausendtheile nicht über- schreiten, wenn der Gegenstand im Ganzen einge- schmolzen wird.

Das vom Bundesrath gemäss § 2 bestimmte Stempel- zeichen darf auf Schmucksachen von Gold und Silber nicht angebracht werden.

§ 6.

Aus dem Auslande eingeführte Gold- und Silberwaaren, deren Feingehalt durch eine diesem Gesetze nicht ent- sprechende Bezeichnung angegeben ist, dürfen nur dann feilgehalten werden, wenn sie ausserdem mit einem Stempel- zeichen nach Maassgabe dieses Gesetzes versehen sind.

§ 7.

Für die Richtigkeit des angegebenen Feingehalts haftet der Verkäufer der Waare. Ist deren Stempelung im In- lande erfolgt, so haftet gleich dem Verkäufer der Inhaber des Geschäfts, für welches die Stempelung erfolgt ist.

§ 8.

Auf Gold- und Silberwaaren, welche mit anderen metal- lischen Stoffen ausgefüllt sind, darf der Feingehalt nicht angegeben werden.

Dasselbe gilt von Gold- und Silberwaaren, mit welchen aus anderen Metallen bestehende Verstärkungsvorrichtungen metallisch verbunden sind.

Bei Ermittelung des Feingehalts bleiben alle von dem zu stempelnden Metalle verschiedenen, äusserlich als solche erkennbaren Metalle ausser Betracht, welche:

1. zur Verzierung der Waare dienen;
2. zur Herstellung mechanischer Vorrichtungen er- forderlich sind;
3. als Verstärkungsvorrichtungen ohne metallische Ver- bindung sich darstellen.

§ 9.

Mit Geldstrafe bis zu eintausend Mark oder mit Ge- fängniss bis zu sechs Monaten wird bestraft:

1. wer Gold- oder Silberwaaren, welche nach diesem Gesetze mit einer Angabe des Feingehalts nicht ver- sehen sein dürfen, mit einer solchen Angabe versieht;
2. wer Gold- oder Silberwaaren, welche nach diesem Gesetze mit einer Angabe des Feingehalts versehen sein dürfen, mit einer anderen, als der nach diesem Gesetze zulässigen Feingehaltsangabe versieht;

3. wer gold- oder silberähnliche Waaren mit einem durch
dieses Gesetz vorgesehenen Stempelzeichen oder mit
einem Stempelzeichen versieht, welches nach diesem
Gesetze als Feingehaltsbezeichnung für Gold- und
Silberwaaren nicht zulässig ist;

4. wer Waaren feilhält, welche mit einer gegen die Bestimmungen dieses Gesetzes verstossenden Bezeichnung
versehen sind.

Mit der Verurtheilung ist zugleich auf Vernichtung der
gesetzwidrigen Bezeichnung oder, wenn diese in anderer
Weise nicht möglich ist, auf Zerstörung der Waaren zu
erkennen.

§ 10.

Dieses Gesetz tritt am 1. Januar 1888 in Kraft. An
demselben Tage treten alle landesrechtlichen Bestimmungen
über den Feingehalt der Gold- und Silberwaaren ausser
Geltung.

Urkundlich unter Unserer Höchsteigenhändigen Unterschrift und beigedrucktem Kaiserlichen Insiegel.

Gegeben Bad Gastein, den 16. Juli 1884.

(L. S.)   Wilhelm.

von Boetticher.

Form des Stempelzeichens.

Um für die dem Stempelzeichen (§ 3 des Gesetzes) zu
gebende Form einen Vorschlag von technischer Seite zu erhalten, ersuchte der Reichskanzler den königlich preussischen
Minister für Handel und Gewerbe um die Einziehung eines entsprechenden Gutachtens von der demselben unterstellten könig-
lichen technischen Deputation für Gewerbe. Die genannte Deputation legte mehrere Versuchsfiguren vor und bemerkte dazu erläuternd, wie es ihr auf möglichste Einfachheit der Marke,
neben welcher nach den Vorschriften des Gesetzes noch eine
dreistellige Zahl und die Firma des die Stempelung vor-
nehmenden Geschäfts auf dem Geräth Platz finden müssen,
anzukommen scheine. Von diesem Gesichtspunkt aus schlug
die Deputation in erster Linie vor, die alten metallurgischen
Zeichen für Gold, ☉, und Silber, ☾ oder ☾, zur Bezeichnung
des Metalls zu wählen, und unter oder in dieselben die Tausend-
theilzahl, darüber aber das Firmenzeichen zu setzen, z. B.

Firma
☉
590

Firma
☾
810

Dieser Vorschlag erschien jedoch um deswillen wenig empfehlenswerth, weil danach nicht zum Ausdruck kam, dass es sich um eine vom Reich angeordnete Stempelung handelte. Um diesem Erfordernisse zu genügen, hätte es nahe gelegen, den Reichsadler als Zeichen zu wählen. Indessen sprach dagegen der Umstand, dass das Zeichen auch auf kleinen Geräthen, im kleinsten Maassstabe angebracht, noch erkennbar sein musste, was bei dem Adler kaum zu ermöglichen war.

Der Reichskanzler stellte deshalb zur Erwägung, von den Emblemen des Reichs die Krone mit ihrer auch im kleinsten Maassstabe wohl erkennbaren Form als Zeichen zu wählen und zur Unterscheidung von Gold und Silber die metallurgischen Zeichen, Sonne und Mond, mit der Krone zu verbinden. Die Verbindung würde in der Weise bewirkt werden können, dass die Krone in das Innere der Sonne bezw. rechts neben die Mondsichel gesetzt würde.

Der Bundesrath trat diesen Ausführungen bei und beschloss demgemäss, dass das Stempelzeichen für die Gold- und Silbergeräthe enthalten müsse:

1. die Reichskrone,
2. das Sonnenzeichen ⊙ für Gold oder das Mondsichelzeichen ☾ für Silber,
3. die Angabe des Feingehalts in Tausendtheilen und
4. die Firma oder die in Gemässheit des Gesetzes vom 30. November 1874 eingetragene Schutzmarke des Geschäfts, für welches die Stempelung bewirkt ist.

Die Krone muss

bei Goldgeräthen in dem Sonnenzeichen ⊙ ,

bei Silbergeräthen rechts neben dem Mondsichelzeichen ☾

sich befinden.

Gold   Silber

Der vorstehende Beschluss wurde durch das Reichsgesetzblatt 1886 S. 1 wie folgt bekannt gemacht.

Bekanntmachung, betreffend die Bestimmung der Form des Stempelzeichens zur Angabe des Feingehalts auf goldenen und silbernen Geräthen. Vom 7. Januar 1886.

Auf Grund des § 3 des Gesetzes über den Feingehalt der Gold- und Silberwaaren vom 16. Juli 1884 (Reichsgesetzblatt S. 120) hat der Bundesrath folgende Bestimmung getroffen:

Das Stempelzeichen für die Gold- und Silbergeräthe muss enthalten:

1. die Reichskrone,

2. das Sonnenzeichen ☉ für Gold oder das Mondsichelzeichen ☽ für Silber,

3. die Angabe des Feingehalts in Tausendtheilen und

4. die Firma oder die in Gemässheit des Gesetzes vom 30. November 1874 eingetragene Schutzmarke des Geschäfts, für welches die Stempelung bewirkt ist.

Die Krone muss

bei Goldgeräthen in dem Sonnenzeichen ☉,

bei Silbergeräthen rechts neben dem Mondsichelzeichen ☽

sich befinden.

Gold    Silber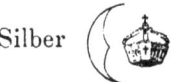

Berlin, den 7. Januar 1886.

Der Stellvertreter des Reichskanzlers.

von Boetticher.

Auszug aus dem Bericht der VI. Kommission

betreffend

den Entwurf eines Gesetzes über den Feingehalt der Gold-
und Silberwaaren — Nr. 5 der Drucksachen —.

Berichterstatter Abg. Dr. Karsten.

Nr. 70 der Drucksachen des Reichstags 1884.

Durch Beschluss des Reichstages in der 3. Plenarsitzung vom 12. März d. J. wurde der unterzeichneten Kommission der obige Gesetzentwurf zur Vorberathung überwiesen.

Die Kommission hat diesen Auftrag in 6 Sitzungen ausgeführt. An den Berathungen hat der Kaiserliche Geheime Regierungsrath Herr Bödiker als Vertreter des Bundesrathes Theil genommen.

Die erste Kommissionssitzung fand am 18. März d. J. statt und wurde in derselben zunächst zur Feststellung der Sachlage, wie sich solche aus den früheren Verhandlungen, namentlich des Jahres 1878, und den bis dahin vorliegenden neueren Mittheilungen zu ergeben schien, Bericht erstattet.

In Folge des hierdurch ermittelten Thatbestandes ergab

sich, vorbehaltlich einzelner Bestimmungen, eine der Vorlage im allgemeinen günstige Stimmung der Kommission.....

Es erschien angemessen, zumal ein Abschluss der Kommissionsberathungen vor dem Osterfeste doch nicht zu ermöglichen war, die Fortsetzung der Verhandlungen bis zum Wiederbeginn der Reichstagssitzungen zu verschieben, theils um die Betheiligten in den Stand zu setzen ihre Wünsche zu äussern, theils den Mitgliedern der Kommission Gelegenheit zu geben, sich selbst näher über die schwierigen technischen Fragen, welche bei dem vorgelegten Gesetze zur Erörterung kommen mussten, zu unterrichten.

So fand denn die zweite Kommissionssitzung erst am 23. April statt und hatte sich inzwischen inbetreff der Hineinziehung der Schmucksachen neben den Gold- und Silbergeräthen in den Gesetzentwurf ein so erheblicher Umschwung in den Ansichten der Kommission vollzogen, sowohl durch die in überraschendem Umfange einlaufenden Erklärungen von den Betheiligten, als durch die aus eigenen Anschauungen seitens der Kommissionsmitglieder gewonnene Ueberzeugung, dass von der Mehrheit der Kommission die Nothwendigkeit einer Abänderung des Gesetzes anerkannt wurde.....

Das Gesetz trifft in seinen Wirkungen zwei ganz verschiedene Interessentenkreise: 1. die Grossfabrikation, 2. das kleine und mittlere Gold- und Silberschmiedegewerbe. Für das letztere fehlt jeder zuverlässige statistische Anhalt, um den Werth seiner Produktion zu bestimmen. Dass derselbe ein sehr beträchtlicher sein muss, ist aber selbstverständlich, denn es sind ja viele Hunderte von Existenzen, die ausser von dem nebenher betriebenen Handel mit Gold- und Silberwaaren von der gewerbsmässigen Bearbeitung der Edelmetalle leben müssen. Für die Grossfabrikation in Deutschland liegen aber wenigstens einige Angaben vor, welche einigermaassen den gewaltigen Umfang dieser Industrie erkennen lassen. Dr. Soetbeer in seiner bekannten Schrift über die Verwendung des Goldes und Silbers (Jena 1881) kommt zu dem Resultate, dass in Deutschland der gesammte industrielle Silberverbrauch etwa 100 000 kg beträgt (Werth 16 000 000 $\mathcal{M}$), wovon auf die Silberwaarenfabrikation etwa 72 000 kg (11 520 000 $\mathcal{M}$) fallen (S. 66 ff.). Für die Goldwaarenfabrikation berechnet Dr. Soetbeer 12 000 kg (Werth 33 750 000 $\mathcal{M}$) (S. 36). Von letzterem Betrage fällt $^4/_5$ auf die konzentrirte Fabrikation zu Hanau, Pforzheim und Schwäbisch-Gmünd und nur etwa $^1/_5$ auf das ganze übrige Deutschland. Dass diese Berechnungen sehr nahe zutreffend sind, erweisen die folgenden möglichst sorgfältigen Ermittelungen aus den genannten drei Orten.

Im Jahre 1883 verarbeitete Edelmetalle:

	Gold		Silber	
	kg etwa	Werth ℳ	kg etwa	Werth ℳ
Pforzheim . . .	4978	14 Mill.	6250	1 Mill.
Schwäbisch-Gmünd	1422	4 „	12500	2 „
Hanau	3200	9 „	1400	0,225 „
im ganzen	9600	27 „	20150	3,225 „

Der jährliche Gesammtverbrauch beider Edelmetalle zum
Zwecke der Fabrikation von Gold- und Silberwaaren in
Deutschland erreicht nach demselben Gelehrten etwa 50 Millionen
Mark, wovon auf die genannten drei Orte volle $^3/_5$ fallen. . . .

Der Werth des verarbeiteten Materials ist nun an sich
noch nicht entscheidend, um die wirthschaftliche Bedeutung
klarzustellen; es wird auch zu fragen sein, um wie viel sich
der Werth des Materials durch die Bearbeitung steigert, wie
viele Menschen ihre Versorgung in der Industrie finden und
unter welchen Bedingungen.

Hierüber ist aus den genannten Orten nach der Petition
des Stadtrathes zu Pforzheim und nach den Mittheilungen
der Handelskammern zu Pforzheim und Hanau Folgendes
vorzuführen:

Die Werthvermehrung des Stoffes im Fabrikat darf fast
genau als eine Verdoppelung des Materialwerthes berechnet
werden, beträgt also rund 30 Millionen Mark. Diese Werthvermehrung setzt sich zusammen aus den Löhnen, der Ver-
zinsung des Betriebskapitals und dem Fabrikationsgewinn.

Die Zahl der in der Edelmetallfabrikation an den drei
Orten beschäftigten Personen beträgt:

	Firmen	Arbeiter
	ohne Hülfsgeschäfte	
Pforzheim	450	10000
Schwäbisch-Gmünd	110	2000
Hanau	140	2000
im ganzen . . .	700	14000.

Der Verkaufswerth der Waare erhöht sich dann noch
durch die Edelsteine u. s. w. und ebenso erhöht sich die Zahl
der beschäftigten Personen durch die Hülfsgeschäfte.

Der Gesammtverkaufswerth von den Fabriken der drei
Orte (nicht zu verwechseln mit dem viel höheren Werthe des
Detailverkaufs) beziffert sich auf rund 77 Millionen Mark
jährlich. . . . .

Etwa die Hälfte der Waare findet in Deutschland Verwendung, die andere Hälfte wird exportirt.

Die offizielle Statistik lässt eine genaue Vergleichung nicht
zu, bestätigt aber im ganzen vorstehende Berechnung. Denn
als Export für Waaren ganz oder theilweise aus edlen
Metallen ist für 1882 der Werth auf 29$^1/_3$ Millionen angegeben,

wozu noch Werthe aus anderen Rubriken kommen würden.
Diesem Werthe steht ein Importwerth von 6¹/₂ Millionen
gegenüber.....

Man hat die Zahl der kleineren Betriebsstätten in Deutschland nach der Berufsstatistik auf etwa 6000 zu veranschlagen [1]).

Schon oben wurde bemerkt, dass bereits in der zweiten
und dritten Sitzung der Kommission am 23. und 24. April
die Mehrzahl der Kommissionsmitglieder sich in der Ansicht
bestimmter Grundsätze, welche in dem Gesetze zum Ausdruck
kommen sollten, zusammenfanden.

Die Grundsätze waren:

1. Trennung in der Behandlung von goldenen und silbernen
   Geräthen, von den Schmucksabhen;
2. Anwendbarkeit eines besonderen, vom Bundesrathe zu
   bestimmenden Stempels zur Bezeichnung eines Minimal-
   feingehaltes für die goldenen und silbernen Geräthe und
   Verbot der Feingehaltsstempelung minderhaltiger Geräthe;
3. Zulässigkeit, aber nicht Verbindlichkeit der Angabe des
   wirklichen Feingehaltes bei Schmucksachen von Gold
   und Silber für jeden Feingehalt;
4. Ausführung der Stempelung durch den Fabrikanten
   beziehungsweise Verkäufer und Abweisung einer staatlichen Stempelung;
5. Verantwortlichkeit des Verkäufers sowie desjenigen,
   welcher die Stempelung ausführte, für die Richtigkeit
   der Angabe nach Maassgabe der strengen Strafbestimmungen des Gesetzes.

Die Verhandlung in den ersten beiden Sitzungen nahm
folgenden Verlauf.

Nachdem der Referent über die seit der ersten Sitzung
veränderte Sachlage berichtet hatte, sprachen sich verschiedene
Mitglieder dahin aus, dass auch sie zu einer Aenderung ihrer
Ansicht gelangt seien. In den Ausführungen der Mitglieder
kamen die vorangestellten Punkte ohne Widerspruch zu finden
zum Ausdruck. Nur von vereinzelten Mitgliedern der Kommission wurde ausgeführt, dass sie zwar die freie Stempelung
der Schmucksachen jedes Feingehaltes billigen, aber den feinhaltigen Gegenständen einen dieselben auszeichnenden Stempel,
wie dies für die Geräthe von Edelmetall in Aussicht genommen
sei, zubilligen wollen.

In einer die Debatte zusammenfassenden Ausführung des
Herrn Vertreters des Bundesrathes ergab es sich, dass
auf der Grundlage der oben verzeichneten Punkte eine den

---

[1]) Die Zahl der grösseren Gold- und Silberwaaren-Fabrikations-
betriebe (Fabriken) betrug im Deutschen Reiche am 1. Juli 1886 ausweislich der Kataster der auf Grund des Unfallversicherungsgesetzes vom
6. Juli 1884 gebildeten beiden Edel- und Unedelmetallindustrie-Berufs-
genossenschaften (norddeutsche und süddeutsche) 649 mit 16 934 Arbeitern.

Ansichten der Mehrheit entsprechende Fassung des Gesetzentwurfes zu finden sein werde, zu welchem die Zustimmung
der verbündeten Regierungen erwartet werden könne, wenn
die unveränderte Aufrechterhaltung der Vorlage, die er selbstverständlich in erster Linie beantrage, sich nicht sollte erreichen lassen.

Der Herr Vertreter des Bundesrathes führte nämlich
Folgendes aus:

Wenn das Gesetz nach den unter 1—5 oben bezeichneten
Gesichtspunkten redigirt werde, so werde dasselbe in seinem
vollen Umfange aufrecht erhalten für die goldenen und silbernen
G e r ä t h e, insbesondere also für Tafel-, Haus- und Kirchengeräthe u. s. w., mit der — von den Betheiligten beantragten —
Verschärfung, dass auch die zum Export bestimmten Edel-
metallgeräthe den Bestimmungen des Gesetzes unterliegen
sollen. Abgeschwächt werde das Gesetz nur inbetreff der
goldenen und silbernen S c h m u c k s a c h e n. Während somit
der Wirkungskreis des Gesetzes auf einen Theil der von dem
Entwurfe betroffenen Gegenstände beschränkt werde, komme
doch für diese das System des Entwurfs durchaus zur Geltung;
für den anderen Theil (die Schmucksachen) würden immerhin
noch werthvolle Bestimmungen getroffen, welche sich gegen die
auf diesem Gebiete nicht seltene und zur Zeit schwer ver-
folgbare Täuschung des Publikums richten; auch für diesen
Theil träte eine Verbesserung des gegenwärtigen Zustandes
ein. Es sei zu erwarten, dass die vorgesehenen schweren
Strafbestimmungen in der That den Erfolg haben würden, dass
auf Schmucksachen fernerhin keine Feingehaltsangabe sich
finden werde, welche über den vorhandenen wirklichen Feingehalt hinausgehe.

Erläuternd fügte der Herr Vertreter des Bundesraths
hinzu, dass der im Reichskanzleramt im Jahre 1875 ausge-
arbeitete ursprüngliche Gesetzentwurf sich ebenfalls nur auf
die Silberwaaren bezogen habe, dass erst in Folge der Anträge,
welche von den über den Gesetzentwurf damals vernommenen
Sachverständigen gestellt seien, die Ausdehnung des Entwurfs
auf die Goldwaaren erfolgt sei. Bei den S i l b e r waaren kommen
ja die Schmucksachen nur in geringem Maasse, hauptsächlich
kommen nur die Geräthe in Betracht. Die letzteren sollen
aber dem Gesetze auch jetzt unterworfen werden. — Inbetreff
des neuesten französischen Gesetzes vom 25. Januar 1884 sei
zu bemerken, dass bei Annahme obiger Grundsätze französische
gestempelte Schmucksachen von Gold und Silber in Deutschland frei zugelassen werden müssten, wenn der Feingehalt in
Tausendtheilen angegeben sei, und dass dieselben keiner Nach-
stempelung unterliegen.

Nach diesen Aeusserungen wurde konstatirt, dass die Ab-
fassung des Gesetzes auf Grund der gewonnenen Gemein-

samkeit der Anschauungen von allen Kommissionsmitgliedern gewünscht werde. . . . .

§ 1 des Gesetzentwurfes der verbündeten Regierungen wurde unverändert ohne Debatte angenommen.

Dieser Paragraph hält die bestehende Freiheit der Fabrikation von Gold- und Silberwaaren aufrecht und bestimmt nur noch, dass die Angabe des Feingehaltes der Waare gesetzlich geregelt werden solle, wie es die folgenden Gesetzparagraphen feststellen.

Im § 2 wurde im ersten Alinea die Scheidung zwischen den Geräthen und den Schmucksachen eingeführt, für welche sich die Mehrheit der Kommission erklärt hatte.

Für Geräthe von Gold und Silber soll also in Zukunft der Feingehalt nur angegeben werden dürfen, wenn derselbe eine bestimmte Minimalgrenze erreicht. Minderhaltige Waare dieser Art soll künftig eine F e i n g e h a l t s a n g a b e nicht tragen dürfen.

Dieses erste Alinea des Paragraphen gab zunächst keinen Anlass zur Verhandlung, da indessen in Folge eines späteren Paragraphen auf die Bedeutung des Ausdruckes „ G e r ä t h e " zurückgekommen wurde, so ist es zweckmässig, hier sogleich das Resultat der Besprechung einzufügen.

Es musste zugegeben werden, dass es schwierig ist, eine strenge Definition der Dinge zu geben, welche man als Geräthe hier bezeichnen wollte. Die Mehrzahl der Kommission war aber darin einig, dass erstens in der Gegenüberstellung von „Geräthen" gegen „Schmucksachen" bereits die Mehrzahl der Gegenstände genügend gekennzeichnet sei und dass zweitens unter Geräthen im Sinne des Gesetzes Tischgeräth aller Art, wie Löffel, Gabeln, Messer, Teller, Platten u. s. w., Tafelaufsätze, Hausgeräth, wie Leuchter u. dergl., endlich Kirchengeräthe und Prunkgeräthe u. s. w. zu verstehen sei. Die von einer Seite in Vorschlag gebrachte Spezialisirung im Gesetze wurde von der Kommission abgelehnt.

Das zweite Alinea des § 2 ändert den Gesetzentwurf dahin ab, dass bei den Geräthen für die Feingehaltsbestimmung die Löthung mit hineinzurechnen ist.

Es wurde kein Bedenken dagegen erhoben, für die Geräthe diese strengere Bestimmung unter Beibehaltung des Remediums einzuführen, und erfolgte die Annahme dieser Abänderung einstimmig.

Der § 3 des Abänderungsvorschlages der Referenten lautete wie die Regierungsvorlage, nur mit der Beschränkung, dass der den Feingehalt auszeichnende, vom Bundesrath zu bestimmende Stempel auf die goldenen und silbernen G e r ä t h e und nicht auf Gold- und Silberwaaren überhaupt bezüglich sein sollte.

Hierzu war folgender Abänderungsantrag gestellt:

Die Angabe des Feingehalts geschieht durch ein Stempelzeichen, welches die Zahl der Tausendtheile und die Firma
des Geschäftes, für welches die Stempelung bewirkt ist,
kenntlich macht.

Silberwaaren von 800 oder mehr Tausendtheilen Feingehalt dürfen ausserdem mit einer für das ganze Reich
einheitlich zu bestimmenden Marke (Reichsstempel) versehen werden.

Die Form der Stempelzeichen wird durch den Bundesrath bestimmt.

Der Sinn dieses Antrages ist, für die Gold- und Silberwaaren überhaupt einen Unterschied feiner und weniger feiner
Waare einzuführen, also auch wieder bei den Schmucksachen
zwei Gattungen von Waaren zu schaffen.

Gegen diesen Antrag wurde Folgendes eingewendet:

Gerade die Ueberzeugung, dass die Bezeichnung der kost-
baren Schmucksachen durch einen auszeichnenden Stempel
die unvermeidliche Folge haben müsse, die gute Mittelwaare
herabzudrücken, habe die Mehrzahl der Kommissionsmitglieder
veranlasst, die Trennung der Geräthe von den Schmucksachen
vorzunehmen, für jene den besonderen Stempel als von der
Mehrzahl der Interessenten gewünscht zuzulassen, für diese
als den Wünschen der Mehrzahl der Interessenten entsprechend
und der Industrie nachtheilig abzulehnen.

Bei der Abstimmung wird der Antrag mit 8 gegen 4
Stimmen abgelehnt, dagegen die Fassung der Referenten angenommen.

In dem Abänderungsentwurfe der Referenten folgte nun
der dem Gesetze wegen der Trennung der Geräthe von den
Schmucksachen erforderlich gewordene neue Paragraph, welcher
jetzt mit § 3b bezeichnet ist, und zwar waren zunächst nur
die beiden ersten Alinea vorgelegt. Diese wurden ohne weitere
Debatte angenommen.

In Folge des vorgenannten Abänderungsantrages erschien
es rathsam, um jedes Missverständniss auszuschliessen und für
die Schmucksachen eine gleichmässige, nur den Feingehalt
ausdrückende Bezeichnung zuzulassen, die Anwendung des
besonderen Stempelzeichens des § 3 bei Schmucksachen ausdrücklich zu untersagen.

Hienach wurde das dritte Alinea des § 3b beantragt
und mit 8 gegen 4 Stimmen angenommen.

Von einer Seite wurde der Antrag gestellt, dass eine
Bestimmung in das Gesetz aufgenommen werde, wonach goldene
und silberne U h r g e h ä u s e zu den Geräthen zu rechnen seien.

Die Anwendbarkeit und Zweckmässigkeit der Zulassung
des auszeichnenden Stempels für die Uhrgehäuse, für welche
sich die betheiligten Fabrikanten ausgesprochen haben, wurde
allgemein anerkannt. Es wurde jedoch von der Kommission

für richtig gehalten, da es zweifelhaft sein könne, ob Uhrgehäuse allgemein zu den „Geräthen" gerechnet werden würden,
dieselben in einem besonderen Paragraphen den Geräthen
gleichzustellen. Dieser § 3 a wurde einstimmig angenommen.

Zu § 4 hatte der Abänderungsvorschlag der Referenten
das erste Alinea der Regierungsvorlage zu streichen vor-
geschlagen. Dieses Alinea nahm die zum Export bestimmten
Gold- und Silberwaaren von den Beschränkungen der §§ 2
und 3 des Entwurfes aus, verbot jedoch die Anwendung des
auszeichnenden Stempels bei zu exportirenden Gold- und
Silberwaaren von geringerem als dem für diesen Stempel festgestellten Minimalfeingehalte. Da dieser Stempel nach der
Annahme des § 3 b bei den Schmucksachen überhaupt nicht
anzuwenden ist, so war das Alinea für diese gegenstandslos
geworden. Dagegen wurde nicht das Bedürfniss anerkannt,
inbetreff der Geräthe jene Ausnahme für die Exportwaare
bestehen zu lassen.

Das zweite Alinea musste dagegen stehen bleiben, um
nicht Bezeichnungen bei Auslandswaaren zuzulassen, deren sich
zu bedienen der inländischen Industrie nicht gestattet ist, z. B.
der Feingehaltsangaben nach Karaten oder Lothen, oder einer
höheren als der wirklichen Feingehaltsangabe (vergl. § 3 b).

Der so gestaltete § 4, ebenso wie der § 5 nach der
Regierungsvorlage, dieser ohne Diskussion, wurden einstimmig
angenommen.

Eine etwas eingehendere Erörterung wurde durch den
§ 6 hervorgerufen, welcher technische Bestimmungen enthält,
die darauf Bezug haben, auf welchen Waaren entweder der
Feingehalt überhaupt nicht angegeben werden darf, oder
welche Umstände bei der Ermittelung des Feingehaltes zu be-
rücksichtigen sind. Ueber die Absicht, welche durch den § 6
der Regierungsvorlage erzielt werden sollte, bestand kein
Zweifel, vielmehr handelte es sich nur darum, die in der
Praxis vorkommenden Fälle bestimmt zu bezeichnen. Die
jetzige Fassung ist aus der Besprechung mit Sachverständigen
hervorgegangen und entspricht den in mehreren Petitionen
ausgesprochenen Wünschen.

Zum § 7, welcher die Strafbestimmungen enthält, war
zu der Nr 2 ein Abänderungsvorschlag von den Referenten
gemacht worden. Der Ausdruck der Regierungsvorlage:

„wer Gold- und Silberwaaren . . . . . mit einer anderen
als der nach diesem Gesetz zulässigen Feingehaltsangabe
versieht",

schien nämlich den Referenten deutlicher gewählt werden zu
können, wenn die in dieser Beziehung möglichen Fälle spezi-
fizirt würden. Diese Fälle würden insbesondere sein: 1. wenn
der auszeichnende Stempel (§ 3 und § 3 b) für Waaren benutzt

würde, für welche derselbe ausgeschlossen ist; 2. wenn Fein-
gehaltsbezeichnungen angewendet würden, welche den Bestimmungen des Gesetzes (§ 2 und § 3 b) entgegen sind, also
z. B. Karat und Loth; 3. wenn die zulässige Feingehaltsbezeichnung nicht dem wirklichen Feingehalte, wie derselbe
durch die §§ 2 und 3 b geregelt wird, entspräche, wenn z. B.
Jemand eine Goldschmucksache von 560 Tausendtheilen Feingehalt mit einem Stempel 580 versieht. Die beiden ersten
Fälle beziehen sich auf die Form des Stempels, der letzte
Fall auf den Inhalt der Stempelangabe. Um diese Punkte
festzustellen, hatten die Referenten beantragt, zu sagen: „mit
einer der Form nach unrichtigen oder einer
höheren als der wirklichen Feingehaltsangabe
versieht".

Die Kommission entschied sich indessen dafür, dass die
Regierungsvorlage diese Fälle genügend decke, wie dies auch
von dem Herrn Vertreter der verbündeten Regierungen ausgeführt worden war.

Zu Nr. 3 führte der Vertreter der Regierungen
aus, dass durch diese Bestimmung — in Verbindung mit
§ 6 — es ausgeschlossen sei, Metallschmucksachen mit einem
Minimalfeingehalt und einem Edelmetallüberzug mit einem
Feingehaltsstempel zu versehen.

Nach § 3 b sei die Feingehaltsstempelung nur von Schmucksachen von Gold und Silber zulässig. Nach § 7 Ziffer 3 sei
die Stempelung von gold- und silberähnlichen Waaren unzulässig. Ob eine gestempelte Waare noch als goldene oder
silberne (§ 3 b) oder als gold- oder silberähnlich (§ 7 Ziffer 3)
anzusehen sei, sei im einzelnen Falle quaestio facti und even-
tuell vom Richter (und Sachverständigen) zu entscheiden.

Der ganze § 8 wurde in der Fassung der Regierungsvorlage angenommen.

Bei dem Schlussparagraphen war die Kommission darin
einig, dass eine Hinausschiebung des Termins, an welchem das
Gesetz in Kraft treten solle, nothwendig sei. Die grossen
Bestände fertiger Waaren, sowohl von Schmucksachen als
von Geräthen, z. B. Bestecksilber, welche mit Stempeln versehen sind, die nach dem Gesetze nicht mehr gebraucht werden
dürften, haben alle Betheiligten, ohne Unterschied ihrer
Stellung zu dem Gesetze, veranlasst, die Ansetzung eines
späteren Termins zu erbitten. Die Kommission einigte sich
für diesen Termin auf den 1. Januar 1888.

In der Schlusssitzung am 28. April wurde von der Kommission die Abstimmung über das Gesetz vorgenommen, wie
sich dasselbe nach den Beschlüssen der Kommission gestaltet
hatte. Die Annahme erfolgte durch die 10 anwesenden Kommissionsmitglieder einstimmig; für 3 Mitglieder, welche zu erscheinen verhindert waren, wurde die ausdrückliche Zustim-

mungserklärung durch anwesende Mitglieder abgegeben. Ein Mitglied der Kommission hatte überhaupt den Berathungen nicht beiwohnen können. Der Gesetzentwurf ist also von der Kommission einstimmig angenommen worden, und beantragt dieselbe:

der Reichstag wolle beschliessen:

dem Gesetze über den Feingehalt von Gold- und Silberwaaren in der beschlossenen Fassung seine Zustimmung zu ertheilen.

Berlin, den 28. April 1884.

Die VI. Kommission.

Freiherr v. Wöllwarth (Vorsitzender). Dr. Karsten (Berichterstatter). Baron v. Arnswaldt-Böhme. Freiherr v. Göler. Haerle. Klumpp. Kochhann (Landsberg). Dr. Lingens. Lüders (Görlitz). Dr. Papellier. Dr. Perrot. Dr. Schläger. Stötzel.

———————

Anhang zum vorstehenden Bericht S. 43—49.

Anhang

zum

Bericht der VI. Kommission des Reichstags:

Zusammenstellung

des

Entwurfs eines Gesetzes über den Feingehalt der Gold-
und Silberwaaren — Nr. 5 der Drucksachen —

mit

den Beschlüssen der VI. Kommission.

———

Vorlage.

Entwurf eines Gesetzes über den Feingehalt der Gold- und Silberwaaren.

Wir Wilhelm, von Gottes Gnaden Deutscher
Kaiser, König von Preussen u. s. w.
verordnen im Namen des Reichs, nach erfolgter Zustimmung
des Bundesraths und des Reichstags, was folgt:

§ 1.

Gold- und Silberwaaren dürfen zu jedem Feingehalt angefertigt und feilgehalten werden. Die Angabe des Feingehalts auf denselben ist nur nach Maassgabe der folgenden
Bestimmungen gestattet.

§ 2.

Auf Silberwaaren darf der Feingehalt nur in 800
oder mehr Tausendtheilen, auf Goldwaaren nur in 585 oder
mehr Tausendtheilen angegeben werden.

Der wirkliche Feingehalt darf weder im Ganzen der
Waare noch auch in deren einzelnen Bestandtheilen bei
Silberwaaren mehr als acht, bei Goldwaaren mehr als fünf
Tausendtheile unter dem angegebenen Feingehalt bleiben.
Bei Ermittelung des Feingehalts bleibt die Lö-
thung ausser Betracht.

§ 3.

Die Angabe des Feingehalts geschieht durch ein Stempelzeichen, welches die Zahl der Tausendtheile und die Firma
des Geschäfts, für welches die Stempelung bewirkt ist, kenntlich
macht. Die Form des Stempelzeichens wird durch den
Bundesrath bestimmt.

Beschlüsse der Kommission.

Entwurf eines Gesetzes über den Feingehalt der Gold- und Silberwaaren.

Wir Wilhelm, von Gottes Gnaden Deutscher
Kaiser, König von Preussen u. s. w.
verordnen im Namen des Reichs, nach erfolgter Zustimmung
des Bundesraths und des Reichstags, was folgt:

§ 1.

Unverändert.

§ 2.

Auf goldenen Geräthen darf der Feingehalt nur in 585
oder mehr Tausendtheilen, auf silbernen Geräthen nur in
800 oder mehr Tausendtheilen angegeben werden.

Der wirkliche Feingehalt darf weder im Ganzen der
Waare noch auch in deren einzelnen Bestandtheilen bei goldenen
Geräthen mehr als fünf, bei silbernen Geräthen mehr als
acht Tausendtheile unter dem angegebenen Feingehalt bleiben.
Vorbehaltlich dieser Abweichung muss der Gegenstand im Ganzen und mit der Löthung eingeschmolzen den angegebenen Feingehalt haben.

§ 3.

Die Angabe des Feingehalts auf goldenen und silbernen Geräthen geschieht durch ein Stempelzeichen,
welches die Zahl der Tausendtheile und die Firma des Geschäfts,
für welches die Stempelung bewirkt ist, kenntlich macht. Die
Form des Stempelzeichens wird durch den Bundesrath bestimmt.

§ 3 a.

Goldene und silberne Uhrgehäuse unterliegen
den Bestimmungen der §§ 2 und 3.

§ 3 b.

Schmucksachen von Gold und Silber dürfen
in jedem Feingehalte gestempelt werden und ist in
diesem Falle der letztere in Tausendtheilen anzugeben.

Die Fehlergrenze darf zehn Tausendtheile
nicht überschreiten, wenn der Gegenstand im
Ganzen eingeschmolzen wird.

Das vom Bundesrathe gemäss § 3 bestimmte
Stempelzeichen darf auf Schmucksachen von Gold
und Silber nicht angebracht werden.

Vorlage.

§ 4.

Waaren, welche für den Absatz im Inlande
nicht bestimmt sind, unterliegen den Beschränkungen der §§ 2 und 3 nicht. Es ist jedoch nicht
gestattet, dieselben mit einem Zeichen nach Maassgabe der §§ 2 und 3 zu versehen, wenn sie den
Anforderungen des § 2 nicht entsprechen.

Aus dem Auslande eingeführte Gold- und Silberwaaren,
deren Feingehalt durch eine diesem Gesetze nicht entsprechende
Bezeichnung angegeben ist, dürfen nur dann feilgehalten
werden, wenn sie ausserdem mit einem Stempelzeichen nach
Maassgabe dieses Gesetzes versehen sind.

§ 5.

Für die Richtigkeit des angegebenen Feingehalts haftet
der Verkäufer der Waare. Ist deren Stempelung im Inlande
erfolgt, so haftet gleich dem Verkäufer der Inhaber des Geschäfts, für welches die Stempelung erfolgt ist.

§ 6.

Gold- oder Silberwaaren, auf welchen der
Feingehalt angegeben ist, dürfen mit anderen
metallischen Stoffen nicht ausgefüllt sein; Verstärkungsvorrichtungen, welche im Innern der
Waare angebracht sind, dürfen mit der letzteren
metallisch nicht verbunden sein.

Beschlüsse der Kommission.

§ 4.

Alinea 1 fällt weg.

Aus dem Auslande eingeführte Gold- und Silberwaaren,
deren Feingehalt durch eine diesem Gesetze nicht entsprechende
Bezeichnung angegeben ist, dürfen nur dann feilgehalten
werden, wenn sie ausserdem mit einem Stempelzeichen nach
Maassgabe dieses Gesetzes versehen sind.

§ 5.

Unverändert.

§ 6.

Auf Gold- und Silberwaaren, welche mit
anderen metallischen Stoffen ausgefüllt sind, darf
der Feingehalt nicht angegeben werden.

Dasselbe gilt von Gold- und Silberwaaren, mit
welchen aus anderen Metallen bestehende Verstärkungsvorrichtungen metallisch verbunden sind.

Bei Ermittelung des Feingehaltes bleiben alle
von dem zu stempelnden Metalle verschiedenen,
äusserlich als solche erkennbaren Metalle ausser
Betracht, welche:

1. zur Verzierung der Waare dienen;
2. zur Herstellung mechanischer Vorrichtungen
   erforderlich sind;
3. als Verstärkungsvorrichtungen ohne metallische Verbindung sich darstellen.

Vorlage.

§ 7.

Mit Geldstrafe bis zu Eintausend Mark oder mit Gefängniss bis zu 6 Monaten wird bestraft:

1. wer Gold- oder Silberwaaren, welche nach diesem Gesetz mit einer Angabe des Feingehalts nicht versehen sein dürfen, mit einer solchen Angabe versieht;
2. wer Gold- oder Silberwaaren, welche nach diesem Gesetz mit einer Angabe des Feingehalts versehen sein dürfen, mit einer anderen als der nach diesem Gesetz zulässigen Feingehaltsangabe versieht;
3. wer gold- oder silberähnliche Waaren mit einem durch dieses Gesetz vorgesehenen Stempelzeichen oder mit einem Stempelzeichen versieht, welches nach diesem Gesetze als Feingehaltsbezeichnung für Gold- und Silberwaaren nicht zulässig ist;
4. wer Waaren feilhält, welche mit einer gegen die Bestimmungen dieses Gesetzes verstossenden Bezeichnung versehen sind.

Mit der Verurtheilung ist zugleich auf Vernichtung der gesetzwidrigen Bezeichnung oder, wenn diese in anderer Weise nicht möglich ist, auf Zerstörung der Waare zu erkennen.

§ 8.

Dieses Gesetz tritt am 1. Januar 1886 in Kraft. An demselben Tage treten alle landesrechtlichen Bestimmungen über den Feingehalt der Gold- und Silberwaaren ausser Geltung.

Urkundlich u. s. w.

Gegeben u. s. w.

Beschlüsse der Kommission.

§ 7.

Unverändert.

§ 8.

Dieses Gesetz tritt am 1. Januar 1888 in Kraft. An demselben Tage treten alle landesrechtlichen Bestimmungen über den Feingehalt der Gold- und Silberwaaren ausser Geltung.

Urkundlich u. s. w.

Gegeben u. s. w.

Die Gesetzgebung der Nachbarstaaten: Belgien, Frankreich, Schweiz und Oesterreich[1]).

I. Belgien.

In Folge des Sieges der Franzosen bei Fleurus (26. Juni 1794) in Frankreich einverleibt, hat Belgien mit der gesammten französischen Gesetzgebung auch das Gesetz vom 19. Brumaire des Jahres VI (1797) über den Feingehalt der Gold- und Silberwaaren überkommen. Letzteres blieb bis zum Jahre 1868 in Geltung, nachdem es durch ein Dekret vom 14. September 1814 nur in wenigen Punkten abgeändert worden war. Im Jahre 1868 erging das folgende noch jetzt geltende:

Gesetz vom 5. Juni 1868, betreffend die Erlaubniss zur Anfertigung von Gold- und Silberwaaren.

Leopold II. König der Belgier

Allen Gegenwärtigen und Zukünftigen Gruss:

Die Kammern haben angenommen und Wir bestätigen was folgt:

Art. 1. Die Herstellung von Gold- und Silberwaaren zu jedem Feingehalt ist gestattet. Die obligatorische staatliche Kontrole wird deshalb eingestellt.

Art. 2. Gold- und Silberwaaren zu dem hierunter folgenden Feingehalt können jedoch von dem Verkäufer oder Käufer der Prüfung und Stempelung durch den von der Regierung ernannten Probirer unterzogen werden.

Für Gold   1. Feingehalt 800 Tausendtheile
          2.   „   750   „
  „ Silber 1.   „   900   „
          2.   „   800   „

---

[1]) Vergleiche v. Studnitz, Die gesetzliche Regelung des Feingehalts von Gold- und Silberwaaren, nebst einer Sammlung der Bestimmungen sämmtlicher zivilisirten Staaten und einer tabellarischen Uebersicht über die Feingehaltsgesetzgebung, Pforzheim 1875.

Art. 3. Die Gold- und Silberwaaren, welche zwar keinen geringeren Feingehalt als den niedrigsten durch das Gesetz bestimmten, jedoch nicht genau einen solchen haben, werden nach demjenigen gesetzlichen Feingehalt gestempelt, welcher unmittelbar hinter dem durch die Prüfung festgestellten folgt.

Art. 4. Bei jedem Verkaufe von Gold- oder Silberwaaren ist der Verkäufer verpflichtet, dem Käufer auf dessen Verlangen eine die Gattung, das Gewicht, den Feingehalt und den Preis der verkauften Gegenstände enthaltende Rechnung auszuhändigen.

Art. 5. Die Regierung schreibt die Form der staatlichen Stempel vor, sie bestimmt die Beschaffenheit, welche die Gold- und Silberwaaren haben müssen, um zur Prüfung des Feingehalts zugelassen zu werden, sowie die gestattete Abweichung von dem im Artikel 2 vorgeschriebenen Feingehalt. Sie bestimmt gleichfalls die für Rechnung des Staats einzuziehenden Kosten der Probe und ertheilt die übrigen Vorschriften für das Verfahren.

Art. 6. Die Bestimmungen der vorstehenden Artikel treten mit dem 1. Juli 1869 in Kraft. Von diesem Tage an sind das Gesetz vom 19. Brumaire des Jahres VI und die Verordnung vom 14. September 1814 sowie alle übrigen, den Feingehalt der Gold- und Silberwaaren betreffenden Bestimmungen, mit Ausnahme derjenigen des Strafgesetzbuchs, aufgehoben.

Vorübergehende Bestimmungen.

Art. 7. Mit dem elften auf die Verkündigung dieses Gesetzes folgenden Tage und bis zu demjenigen, an welchem die Artikel 1 bis 6 in Kraft treten, wird der zweite Feingehalt des Silbers auf 800 Tausendtheile herabgesetzt und die vom Auslande herstammende Silberwaare zu diesem Feingehalte zur Kontrole des Gehalts zugelassen.

Zur Ausfuhr bestimmte Gold- und Silberwaaren können zu jedem Feingehalte frei von der Stempelgebühr angefertigt werden. Eine königliche Verordnung wird die Bedingungen vorschreiben, an welche diese doppelte Ausnahme geknüpft wird. Jedoch werden Gegenstände von geringerem Feingehalte als 750 Tausendtheilen für Gold und 800 Tausendtheilen für Silber nicht mit dem Staatsstempel gezeichnet.

Vom 1. Juli 1868 an wird die Stempelgebühr auf 10 Franken per Hektogramm Gold und auf 50 Centimes per Hektogramm Silber ermässigt.

Die Hunderttheile des Betrages der Stempelgebühr werden jetzt und künftig nicht gerechnet.

Wir verkündigen dieses Gesetz, befehlen dasselbe mit

dem Staatssiegel zu versehen und im Moniteur zu veröffent-
lichen.

Gegeben zu Brüssel am 5. Juni 1868.

Leopold.

Im Namen des Königs:
  der Finanzminister   Gesehen und mit dem Staats-
    Frère-Orban.   siegel gesiegelt:
                              der Justizminister
                              Jules Bara.

———

Zur Ausführung des vorstehenden Gesetzes wurden die
folgenden Verordnungen erlassen:

Königliche Verordnung
betreffend das Gepräge der Matrizen und die Form der Kontrolstempel für Gold- und Silberwaaren. Vom 1. Juli 1868.

Leopold II. König der Belgier

Allen Gegenwärtigen und Zukünftigen Gruss.

Nach Einsicht des Artikels 5 des Gesetzes vom 5. Juni
1868, welcher so lautet:

  Die Regierung schreibt die Form der staatlichen Stempel
  vor . . . . . —,
in der Absicht:

  das Gepräge der Matrizen und die Form der Stempel zu
    der Angabe des Feingehalts der Gold- und Silberwaaren
    zu regeln;
  die zur Abnahme dieser Stempel nothwendigen Matrizen
    zu genehmigen,
auf den Bericht unseres Finanzministers,
haben wir verordnet und verordnen:

  Art. 1. Die Matrizen der Stempel tragen entweder den
Anfangsbuchstaben des Wortes Or oder den Anfangsbuchstaben des Wortes Argent zur Bezeichnung der Beschaffenheit
des Metalls und die Zahl 1 oder 2 zur Bezeichnung des Feingehalts der Legirung. Bei Geprägen von geringer Grösse
fällt indess das Kennzeichen des Feingehalts fort.

  Art. 2. Die Matrize des Stempels für Goldwaaren zum
ersten Feingehalt trägt ein O in gothischer Kleinschrift, in
dessen Mitte sich die Zahl 1 befindet. Die äussere Form des
Stempelzeichens ist die eines Rechtecks mit abgestumpften
Ecken.

  Die Matrize des Stempels für Goldwaaren zum zweiten
Feingehalt trägt ein O in gothischer Kapitalschrift, welches

in der Mitte die Zahl 2 enthält. Die äussere Form des Stempels ist rund.

Art. 3. Die Matrize des Stempels für Silberwaaren zum ersten Feingehalt trägt ein **A** in gothischer Kapitalschrift, welches die Zahl einschliesst.

Die äussere Form des Stempels ist ein Dreieck mit abgestumpften Ecken.

Die Matrize des Stempels für Silberwaaren zum zweiten Feingehalt hat gleichfalls ein A in gothischer Kapitalschrift, welches oben und rechts die Zahl 2 trägt. Die äussere Form dieses Stempels ist ein Quadrat mit abgestumpften Ecken.

Art. 4. Die mit dem in den vorhergehenden Artikeln angegebenen Gepräge gravirten Matrizen, welche die Stempel geliefert haben, deren Abdruck dieser Verordnung beigefügt ist, werden genehmigt.

Art. 5. Die von diesen Matrizen abgenommenen Stempel werden zur Bezeichnung des Feingehalts der Gold- und Silberwaaren benutzt.

Unser Finanzminister ist mit der Ausführung dieser Verordnung beauftragt.

Gegeben zu Laeken am 1. Juli 1868.

                                                     Leopold.

Im Namen des Königs:
  der Finanzminister
  Frère-Orban.

(Tafel der Feingehaltsstempel siehe Seite 54.)

Königliche Verordnung,
betreffend den Feingehalt der Gold- und Silberwaaren.
Vom 10. Juni 1869.

Leopold II. König der Belgier

Allen Gegenwärtigen und Zukünftigen Gruss.

Nach Einsicht des Artikels 5 des Gesetzes vom 5. Juni, welcher so lautet:

„Die Regierung schreibt die Form der staatlichen Stempel vor, sie bestimmt die Beschaffenheit, welche die Gold- und Silberwaaren haben müssen, um zur Prüfung des Feingehalts zugelassen zu werden, so wie die gestattete Abweichung von dem im Artikel 2 vorgeschriebenen Feingehalt. Sie bestimmt gleichfalls die für Rechnung des Staats einzuziehenden Kosten der Probe und ertheilt die übrigen Vorschriften für das Verfahren." —;

TAFEL

der

Feingehaltsstempel,

Anlage zur Verordnung vom 1. Juli 1868.

Unter-scheidungen	Stempel.	Grösse des Stempels.	Unter-scheidungen	Stempel.	Grösse des Stempels.
Gold-Feingehalt (Gross.) 1er		○	Gold-Feingehalt (Klein.) 1er		o
2er		○	2er		o
Silber-Feingehalt (Gross.) 1er		⬠	Silber-Feingehalt (Klein.) 1er		△
2er		▢	2er		o

nach wiederholter Einsicht unserer Verordnung vom
1. Juli 1838, betreffend die Form der Stempel,
auf den Vorschlag unseres Finanzministers,
haben wir verordnet und verordnen:

Art. 1. Zur Prüfung ihres Feingehalts werden zugelassen:

a. Gold- und Silberwaaren von gleichartiger Masse und
massiv,

b. Gold- und Silberwaaren von gleichartiger Masse und
hohl, jedoch ganz oder theilweise und ohne Beschädigung so zu öffnen, dass sie gestatten sich zu überzeugen,
dass sie weder Metall noch Legirungen oder fremde
Körper enthalten.

Als Gold- und Silberwaaren von gleichartiger Masse werden
diejenigen angesehn, deren Legirung in allen ihren Theilen
gleiche Bestandtheile enthält, bis auf das Remedium des Feingehalts.

Art. 2. Das Remedium des Feingehalts der Gold- und
Silberwaaren ohne Löthung beträgt drei Tausendtheile für
Gold und fünf Tausendtheile für Silber.

Das Remedium des Feingehalts der Hauptmasse der Gold-
und Silberwaaren ohne Löthung ist gleichfalls drei Tausendtheile für Gold und fünf Tausendtheile für Silber. Das gesammte Remedium des Feingehalts gelötheter Gold- und Silberwaaren beträgt jedoch zwanzig Tausendtheile mit Inbegriff
der Löthung.

Art. 3. Der Münzmeister entscheidet die Streitigkeiten
inbetreff der Zulassung der Gold- und Silberwaaren zur
Probe und zur Zeichnung mit dem Staatsstempel.

Art. 4. Die Kosten der Probe werden bestimmt wie folgt:

1) 10 Franken per Hektogramm Goldwaare;

2) 50 Centimes per Hektogramm Silberwaare.

Goldwaaren, welche weniger wiegen als ein Gramm, werden
für ein Gramm gerechnet.

Silberwaaren, welche weniger wiegen als 10 Gramm, werden
für 10 Gramm gerechnet.

Das Gewicht wird nach Dezigrammen bei Goldwaaren
und nach Grammen bei Silberwaaren berechnet.

Art. 5. Die Klassifikation und die Gehälter der Probirer
enthält die folgende Tabelle:

Zahl der Amtsstellen	Klasse	Gehalt
3	1	3500
3	2	3000
4	3	2500
4	4	2000

Art. 6. Die Probirer werden vom Könige ernannt und entlassen.

Art. 7. Probirer werden angestellt in den folgenden Städten:

Antwerpen	 2	Mons	1
Brüssel	 2	Doornik	1
Löwen.	 1	Lüttich	1
Brügge.	 1	Hasselt.	1
Kortryk	 1	Arl	1
Gent .	 1	Namur	1

Art. 8. Die Probirer sind für die Gold- und Silberwaaren, welche ihnen zur Prüfung ihres Feingehalts übergeben werden, verantwortlich. Sie tragen dieselben unverzüglich in ein Stammregister ein. Der Generalinspektor der Probiranstalten der Münzverwaltung überwacht das Verfahren bei den Proben und die dieselben betreffende Buchführung.

Art. 9. Die Kosten der Proben werden durch die Einnahmestellen für direkte Steuern, Zölle und Akzisen, welche der Finanzminister dazu bestimmt, eingezogen.

Art. 10. Die Miethe für die zur Ausführung der Proben dienenden Räume, die zu den Proben erforderlichen Materialien und chemischen Hülfsmittel, die Beschaffung der Stempel und die übrigen Verwaltungskosten fallen dem Staatsschatze zur Last.

Unser Finanzminister ist mit der Ausführung dieser Verordnung beauftragt.

Gegeben zu Laeken am 10. Juni 1869.

Leopold.

Im Namen des Königs:
    der Finanzminister
    Frère-Orban.

II. Frankreich.

Das mit der weiter unten zu erörternden Ausnahme noch gegenwärtig geltende Gesetz vom 19. Brumaire des Jahres VI enthält in 140 Artikeln strenge und weit im Detail durchgeführte Bestimmungen über die Regelung des Feingehalts der Gold- und Silberwaaren. Die Fundamentalvorschriften sind auf den Prinzipien des Legirungszwanges, des Stempelungszwanges und des Präventivsystems (Staatsstempelung) aufgebaut. Für Gold- und Silberwaaren sind drei, beziehungsweise zwei Feingehaltsgrade gestattet:

920 Tausendtheile		
840 „	für Gold	mit 3 Tausendtheilen Remedium
750 „		
950 „	für Silber	mit 5 Tausendtheilen
800 „		Remedium.

Jede Edelmetallwaare ist dreifach zu stempeln:
1) mit dem Stempel der Feingehaltsangabe,
2) „   „   „   „   des Fabrikanten,
3) „   „   „   „   „ Kontrolbureaus.

Die — nicht unerheblichen — Stempelgebühren trägt der
Fabrikant; sind die Waaren zum Export bestimmt, so werden
zwei Drittel der gezahlten Stempelgebühren rückvergütet.•

Der Umstand, dass diese Bestimmungen nun bereits fast
ein Jahrhundert gelten und jeden Regierungswechsel in Frankreich überdauert haben, dürfte beweisen, dass dieselben dem
Volksbewusstsein entsprechen. Wer in Frankreich Gold- und
Silbersachen kauft, will neben der gefälligen Form auch den
reellen Inhalt.

Diese den inneren Konsum beherrschende solide Richtung
konnte indess nicht verhindern, dass von Jahr zu Jahr
dringender, im Interesse der Konkurrenzfähigkeit der französischen Fabrikate im Auslande, eine grössere Latitüde gegenüber den Bestimmungen des Gesetzes vom 19. Brumaire verlangt wurde.

So kam denn das bereits oben Seite 18 erwähnte Gesetz
vom 25. Januar 1884 zu Stande. Dasselbe gilt lediglich für
die Exportwaaren. Für den inländischen Konsum bewendet
es bei dem Gesetze vom 19. Brumaire.

Der Wortlaut jenes Gesetzes und der dazu erlassenen
Verordnung vom 6. Juni 1884, deren strenge Straf- und Kon-
trolbestimmungen bemerkenswerth sind, ist folgender:

Gesetz vom 25. Januar 1884, betreffend die Einführung eines vierten Feingehalts (titre) für die zur Ausfuhr bestimmten goldenen und silbernen Waaren.

Der Senat und die Kammer der Abgeordneten haben angenommen,
    der Präsident der Republik verkündet das Gesetz folgenden
Inhalts:
    Art. 1. Nachträglich zum Artikel 4 des Gesetzes vom
19. Brumaire des Jahres VI wird für die Fabrikation der zur
Ausfuhr bestimmten, nur aus Gold bestehenden U h r g e h ä u s e
ein vierter gesetzlicher Feingehalt (titre) von $583/1000$ eingeführt,
welcher rechtsgültig ist.
    Diese Gehäuse werden durch das Stempelamt mit einem
den Feingehalt angebenden besonderen Stempel und einem

ihre Bestimmung zur Ausfuhr nachweisenden besonderen Gepräge versehen.

Art. 2. Abweichend von den Bestimmungen des genannten
Artikels 4 und ausser den im vorstehenden Artikel 1 enthaltenen sind nur die Fabrikanten von Goldschmiedearbeit,
Juwelierwaaren, Schmucksachen und Uhrgehäusen berechtigt,
ausschliesslich zur Ausfuhr bestimmmte goldene
und silberne Gegenstände von jedem anderen Feingehalte zu fertigen.

Die so gefertigten Gegenstände jeden Gehalts erhalten in
keinem Falle das Gepräge der Stempel des Staats; sie müssen
jedoch sofort nach ihrer Vollendung mit einem Meisterstempel
gezeichnet werden, dessen Form durch spätere Verordnung
der öffentlichen Verwaltung bestimmt wird und welcher den
auf der Faktur anzugebenden Feingehalt der Legirung in
Zahlen nachweist.

Art. 3. Die Fabrikanten, welche von den durch dieses
Gesetz ertheilten Befugnissen Gebrauch machen wollen, die
mit der Ausfuhr beschäftigten Kaufleute und Kommissionäre,
welche mit goldenen und silbernen Waaren von jedem Feingehalt ins Ausland Handel treiben wollen, haben der Präfektur
ihres Departements und der Mairie ihrer Gemeinde davon
Anzeige zu machen.

In Paris erfolgt diese Anzeige bei der Polizeipräfektur
und auf dem Stempelamte.

Art. 4. Die Fabrikanten und Kaufleute, welche diese
Gegenstände ausführen, sind den Besichtigungen und Visi-
tationen der Beamten der indirekten Steuern nach den Bestimmungen der Artikel 235, 236, 237, 238 und 245 des
Gesetzes vom 28. April 1816 unterworfen. Sie liefern er-
forderlichenfalls die zur Ausführung der Untersuchungen nothwendigen Wagen und Gewichte.

Art. 5. Auf diese Fabrikanten und Kaufleute finden alle
Bestimmungen der Gesetzgebung Anwendung, welche den
Handel mit Gold- und Silberbarren ordnet, insofern diese
Bestimmungen denjenigen des gegenwärtigen Gesetzes nicht
widersprechen.

Art. 6. Die durch die Ausführung dieses Gesetzes geforderten Nachtragsbestimmungen werden durch ein Reglement
der öffentlichen Verwaltung getroffen werden.

Art. 7. Die goldenen und silbernen Waaren, deren Fabrikation dieses Gesetz ausschliesslich zum Zwecke der Ausfuhr
gestattet, dürfen unter keinem Vorwande für den inneren Verbrauch geliefert werden.

Art. 8. Diejenigen von diesen Waaren, welche bei Fabrikanten, Kaufleuten oder Kommissionären, welche die im vorstehenden Artikel 3 vorgeschriebene Anzeige nicht gemacht
haben, angetroffen werden, oder deren Feilbieten zum inneren

Verbrauch nachgewiesen ist, werden mit Beschlag belegt und ziehen die Verfolgung vor dem Strafgericht nach sich. Die Inhaber der mit Beschlag belegten Gegenstände erleiden deren Konfiskation unbeschadet der in dem folgenden Artikel verhängten anderen Strafen.

Art. 9. Im Falle der Uebertretung der Bestimmungen dieses Gesetzes und derjenigen des gemäss dem vorstehenden Artikel 6 erlassenen Reglements der öffentlichen Verwaltung werden die von der Uebertretung betroffenen Gegenstände konfiszirt und ausserdem der Uebertreter zu einer Geldstrafe verurtheilt, welche das erste Mal den zehnfachen Werth der konfiszirten Gegenstände, das zweite Mal das Doppelte der ersten Strafe nebst Verkündigung der Verurtheilung auf Kosten des Uebertreters beträgt; das dritte Mal wird endlich die erste Strafe vervierfacht und dem Uebertreter der Handel mit und die Fabrikation von goldenen und silbernen Waaren bei Strafe der Konfiskation aller Gegenstände seines Betriebes untersagt.

Im Falle von Ausfällen gelegentlich der Inventare oder nicht nachgewiesener Ausfuhren beträgt die Strafe 75 Franken per Hektogramm für goldene und 4 Franken per Hektogramm für silberne Gegenstände.

Art. 10. Die mit dem durch das Gesetz vom 19. Brumaire des Jahres VI festgesetzten Feingehalt gefertigten und zur Ausfuhr oder zum inneren Verbrauch bestimmten goldenen und silbernen Waaren unterliegen ferner der bestehenden Gesetzgebung.

Dasselbe gilt in jeder diesem Gesetze nicht widersprechenden Beziehung für die zur Ausfuhr bestimmten goldenen Uhrgehäuse vom vierten Feingehalt.

Dieses vom Senate und von der Kammer der Abgeordneten berathene und angenommene Gesetz wird als Staatsgesetz ausgeführt.

Geschehen zu Paris am 25. Januar 1884.

gez.: Jules Grévy.

Im Auftrag des Präsidenten
der Republik
der Finanzminister   der Handelsminister
gez.: P. Tirard.   gez.: Ch. Hérisson.

Ausführungsverordnung zu vorstehendem Gesetz.

Der Präsident der französischen Republik verordnet,
auf den Bericht des Finanzministers,
nach Einsicht des Gesetzes vom 25. Januar 1884 und namentlich der Artikel 2 und 6;
nach Einsicht des Gesetzes vom 19. Brumaire des Jahres VI

nach Einsicht des Artikels 2 des Gesetzes vom 30. März
1872;

nach Einsicht der Artikel 235, 236, 237, 238 und 245
des Gesetzes vom 28. April 1816;

nach Anhörung des Staatsraths,

was folgt:

Art. 1. Die gemäss den Bestimmungen des Artikels 1
des Gesetzes vom 25. Januar 1884 zu dem 4. Feingehalt zur
Ausfuhr fabrizirten goldenen Uhrgehäuse werden der Probe
und Stempelung nach den Vorschriften der Gesetzgebung für
den Münzgehalt unterworfen.

Dieses doppelte Verfahren ist befreit von Stempelabgabe.

Die Kosten der Probe werden vom Fabrikanten getragen.

Der den Feingehalt anzeigende besondere Stempel stellt
einen ägyptischen Kopf dar.

Das besondere Gepräge hat die Form einer Ellipse mit
der Inschrift: Exp. und darunter 583 M. Derselbe wird in
der Mitte des Bodens der Gehäuse angebracht.

Die Abbildungen dieser beiden Stempel befinden sich bei
dem Originale dieser Verordnung.

Art. 2. Der Abdruck des Stempels jedes Fabrikanten
von Gold- und Silberwaaren, welche gemäss den
Vorschriften des Artikels 2 des Gesetzes vom
25. Januar 1884 gefertigt sind, muss die Gestalt
eines unregelmässigen Fünfecks mit gleichen Seiten
haben, welches ein Quadrat mit einem darauf
stehenden Dreieck nach der hierneben befindlichen
Figur darstellt.

Die Grössenverhältnisse dieses Stempels bestimmt der
Fabrikant nach der Gattung der von ihm gefertigten Waaren.

Der obere Theil des Stempels enthält den Anfangsbuchstaben des Namens des Fabrikanten und das durch den Artikel 9 des Gesetzes vom 19. Brumaire des Jahres VI vorgeschriebene Sinnbild, und der untere Theil die Angabe des
Gehalts der Legirung in Zahlen. Dieselbe kann je nach den
Anforderungen des Ausfuhrhandels entweder in Tausendtheilen
oder in Karaten erfolgen, jedoch muss sich hinter der die
Karate anzeigenden Zahl ein K und hinter den Tausendtheilen
ein M befinden.

Jede andere Angabe des Feingehalts von Gold und Silber
ist verboten. Sobald die Verwaltungsbeamten die Abdrücke
des Stempels nicht mehr für hinreichend deutlich halten, darf
der Stempel nicht länger benutzt werden und ist er durch
einen neuen zu ersetzen.

Art. 3. Vor dem Beginn der Fabrikation von Gold- und
Silberwaaren zu jedem Feingehalt ist der Fabrikant verpflichtet,
den zur Zeichnung dieser Gegenstände bestimmten Stempel

auf der Präfektur seines Departements und auf dem Bürger-
meisteramt seiner Gemeinde stechen zu lassen.

In Paris geschieht das Stechen auf der Polizeipräfektur
und auf dem Stempelamt.

Art. 4. Gold- und Silberwaaren jeden Feingehalts·müssen,
sobald ihre Fabrikation beendet ist und vor jedem Poliren
oder Glätten, mit dem Stempel von der im Artikel 2 dieser
Verordnung vorgeschriebenen Form gestempelt werden.

Nach Maassgabe ihrer Stempelung hat der Fabrikant diese
Waaren in ein Register einzutragen, welches von der Verwaltung der indirekten Steuern ihm unentgeltlich geliefert
wird und auf jedes Verlangen der Aufsichtsbeamten vorgewiesen werden muss.

In das Register werden die Beschaffenheit der Gegenstände nach der Gattung des Metalls (Gold oder Silber), ihre
Zahl, ihr Feingehalt, ihr Bruttogewicht und bei Gegenständen,
welche aus verschiedene Metalle enthaltenden Stücken bestehn,
das Gewicht jeder Gattung von Metall eingetragen.

Der Fabrikant ist auch verpflichtet, nach dem Poliren das
Nettogewicht derselben Gegenstände einzutragen, damit es als
Grundlage für die Belastung diene.

Am ersten jeden Monats hat der Fabrikant dem Stempelamte ein von ihm bescheinigtes Verzeichniss der während des
vorhergehenden Monats in jenes Register eingetragenen Gegenstände einzureichen.

Anstatt dieses Verzeichnisses erfolgt eine Vakatanzeige,
wenn im Laufe des letztvergangenen Monats kein Gegenstand
gefertigt worden ist.

Art. 5. Goldene Uhrgehäuse vom 4. Feingehalt und Gold-
und Silberwaaren von jedem Feingehalt dürfen in den Maga-
zinen nicht mit für den innern Handel bestimmten goldenen
und silbernen Kleinodien vermengt werden.

Sowohl bei den Fabrikanten als bei den Kommissionären
oder Kaufleuten, welche exportiren, sind ihnen gesonderte
Lagerplätze anzuweisen.

Diese Plätze müssen mit den nachstehenden Inschriften
in festen und deutlichen Buchstaben versehn sein:

Ausfuhr. — Goldene Uhrgehäuse vom vierten Feingehalt.

Ausfuhr. — Goldene oder silberne Gegenstände jeden
Feingehalts.

Art. 6. Mit Ausnahme der Muster, deren zeitweiser Aus-
tritt aus den Fabriken nothwendig sein kann, ist der freie
Verkehr goldener Uhrgehäuse vom 4. Feingehalt und goldener
und silberner Gegenstände von jedem Feingehalt verboten.

Sendungen von einem Fabrikanten an den andern oder
an den exportirenden Händler und umgekehrt sind jedoch erlaubt.

Diese Sendungen, sowie die ins Ausland bestimmten erfolgen auf Grund eines auf der Deklaration der sich zu ihrer

Rücknahme innerhalb der Frist von drei Monaten verpflichtenden
Versender abgegebenen und je nach den Umständen mit einer
Bescheinigung der Eintragung in das Konto des Empfängers
oder mit einer Bescheinigung des Zollamts über den Ausgang
aus dem französischen Gebiete versehenen Anerbietens zur
Zahlung.

Die Versendungen ins Ausland können nur in versiegelten
und plombirten Kisten nach der Durchsuchung durch die
Beamten der indirekten Steuern erfolgen. Zu dem Ende müssen
die Kisten auf Veranlassung und Kosten der Versender im
Stempelamte vorgeführt werden.

Im Falle ihrer Wiedereinfuhr nach Frankreich sind Gegenstände, welche im Auslande nicht abgesetzt wurden, nach
Feststellung ihrer Identität vom exportirenden Fabrikanten
oder Händler wieder zu vereinnahmen und in sein Konto von
neuem einzutragen.

Art. 7. Die Verwaltung eröffnet jedem exportirenden
Fabrikanten oder Händler sowohl für goldene Uhrgehäuse
vom 4. Feingehalt als für goldene und silberne Gegenstände
von jedem Feingehalt ein Eingangs- und Ausgangskonto.

Dieses Konto enthält einerseits die am Orte fabrizirten
Gegenstände, andererseits die gemäss den regelmässigen Zu-
sendungen von ausserhalb eingegangenen.

Jeder in Folge einer Besichtigung festgestellte Ueberschuss
wird zu Protokoll genommen und in Rechnung gestellt.

Das Konto wird nach und nach entlastet:

1) von den regelmässig entweder ins Ausland oder ins Inland versendeten Gegenständen;
2) von den Gegenständen, welche der Fabrikant umarbeiten
   zu wollen erklärt und welche in Gegenwart der Verwaltungsbeamten vorher vernichtet wurden;
3) von den Ausfällen, welche mittels Inventars gemäss den
   Bestimmungen des letzten Paragraphen im Artikel 9 des
   Gesetzes vom 25. Januar 1884 festgestellt wurden.

Art. 8. Die Uebertretungen dieser Verordnung werden
gemäss den Artikeln 5 und 9 des Gesetzes vom 25. Januar
1884 festgestellt, verfolgt und bestraft.

Art. 9. Der Finanzminister ist mit der Ausführung dieser
Verordnung beauftragt, welche im Journal officiel veröffent-
licht und in die Gesetzsammlung aufgenommen wird.

Geschehen zu Paris am 6. Juni 1884.

gez.: Jules Grévy.
Im Auftrag des Präsidenten der Republik
der Finanzminister
gez.: P. Tirard.

III. Die Schweiz.

Eine grosse Anzahl von schweizer Kantonen besass aus früherer Zeit — Genf z. B. seit Jahrhunderten — Bestimmungen über den Feingehalt der Gold- und Silberwaaren, wobei 18 Karat bei Gold und 12—13 Loth bei Silber die unterste Feingehaltsgrenze zu bilden pflegten.

In anderen Kantonen fehlte es indessen an derartigen Bestimmungen, und im grossen und ganzen herrschte in Folge dessen innerhalb der Eidgenossenschaft die grösste Verschiedenheit. Diesem Zustande wurde durch die nachstehend mitgetheilte Gesetzgebung ein Ende gemacht.

Bundesgesetz betreffend Kontrolirung und Garantie des Feingehalts der Gold- und Silberwaaren.
(Vom 23. Christmonat 1880.)

Die Bundesversammlung der schweizerischen Eidgenossenschaft,

in Anwendung der Artikel 31 lit. c und 64 der Bundesverfassung,

nach Einsicht einer Botschaft des Bundesrathes vom 28. Wintermonat 1879,

beschliesst:

Art. 1. Die Anfertigung und der Verkauf von Gold- und Silberwaaren zu allen Feingehaltsgraden unterliegen den folgenden Bestimmungen:

A. Für Uhrengehäuse, welche in irgend einer Sprache oder Ziffer, vollständig oder abgekürzt, eine der folgenden Bezeichnungen oder eine diesen entsprechende führen, nämlich:

für das Gold: 18 Karat oder 750 Tausendtheile und darüber,

14 Karat oder 583 Tausendtheile;

für das Silber: 875 Tausendtheile und darüber,

800 Tausendtheile,

ist die Kontrolirung obligatorisch; dieselben müssen gemäss den Vorschriften der eidgenössischen Vollziehungsverordnung mit dem eidgenössischen Kontrolstempel versehen sein, es sei denn dass sie das als gleichwerthig anerkannte amtliche Stempelzeichen eines andern Staates tragen.

B. Für die andern Gold- und Silberwaaren ist die Kontrolirung fakultativ. Von diesen Waaren können die mit höherem Feingehalt, nämlich: 18 Karat oder 750 Tausendtheile und darüber in Gold, 875 Tausendtheile und darüber in Silber, amtlich gestempelt werden, selbst wenn sie eine Angabe des Feingehalts nicht enthalten.

Art. 2. Uhrengehäuse und andere Gold- und Silber-

waaren, welche nicht amtlich kontrolirt sind, dürfen, was ihr
Mischungsverhältniss oder ihre Legirung betrifft, mit keiner
andern Bezeichnung als derjenigen ihres wirklichen Feingehalts
versehen werden. Wenn sie diese Bezeichnung aufweisen, so
sollen sie ausserdem gemäss der Vollziehungsverordnung mit
der Marke oder dem Zeichen des Fabrikanten gestempelt sein.

Bei den Proben ist eine Fehlergrenze von 3 Tausendtheilen für das Gold und 5 Tausendtheilen für das Silber gestattet, welches auch der Feingehalt der betreffenden Waare sei.

Kein Theil der Uhrengehäuse oder andern Gold- und Silberwaaren darf einen niedrigeren Feingehalt haben, als derjenige
ist, den das aufgedrückte Stempelzeichen oder eine andere
Bezeichnung angiebt. Die Vollziehungsverordnung wird die
nähern Bestimmungen hierüber und die nöthigen Ausnahmen
enthalten.

Es ist verboten, auf Waaren von anderem Metall oder
auf plakirten Gegenständen Bezeichnungen anzubringen, welche
auf Täuschung des Käufers abzielen.

Art. 3. Die Errichtung von Kontrolämtern ist Sache der
Kantone, unter Vorbehalt der folgenden Bestimmungen über
die Organisation:

Die beeidigten Probirer müssen im Besitz eines eidgenössischen Diploms sein. Sie sind in Bezug auf den technischen
Theil ihrer Aufgabe den Anleitungen und der Oberaufsicht
der Bundesbehörde unterworfen.

Die Bureaux müssen den Bundesvorschriften gemäss mit
einer genügenden Anzahl von Probirern und andern Beamten,
sowie mit den zu den Proben erforderlichen Einrichtungen
und Materialien versehen sein.

Sie sind verpflichtet, die ihnen eingesandten Waaren, aus
welchem Theile der Schweiz sie auch kommen, in der Reihen-
folge, in der sie einlaufen, zu probiren und zu stempeln, sowie
dieselben ohne Berechnung von Verpackungskosten wieder
zurückzusenden. Die eidgenössische Vollziehungsverordnung
kann Vorschriften aufstellen, um der Anhäufung solcher Gegenstände auf den Bureaux vorzubeugen.

Die für Proben und Stempelung zu erhebenden Gebühren
werden durch die eidgenössische Vollziehungsverordnung festgesetzt. Dieselben dürfen keinen fiskalischen Charakter haben.

Die Einnahmen gehören den Kantonen, beziehungsweise
den Gemeinden, welche für den Unterhalt der Bureaux zu
sorgen und die Kosten derselben zu tragen haben.

Die Kontrolämter sind für ihre Proben und Stempelungen,
sowie mit den Kantonen oder Gemeinden, denen sie unter-
stellt sind, für die ihnen übergebenen Gegenstände verantwortlich.

Art. 4. Am eidgenössischen Polytechnikum wird ein
eidgenössisches Kontrolamt eingerichtet, welches speziell dazu

bestimmt ist, hinlänglich befähigte Probirer auszubilden, sowie in Streitfällen die Proben anderer Kontrolämter zu revidiren.

Die Einnahmen und Ausgaben dieses Kontrolamtes bilden einen Bestandtheil des Büdgets des eidgenössischen Handelsdepartements.

Art. 5. Das schweizerische Handels- und Landwirthschaftsdepartement übt die der Bundesbehörde im Art. 3 vorbehaltene Oberaufsicht aus.

Es liefert den Kontrolämtern gegen Wiedererstattung der Kosten die eidgenössischen Stempel.

Art. 6. Wer Uhrengehäuse mit Bezeichnung der gesetzlichen Feingehaltsgrade ohne das amtliche Stempelzeichen angefertigt, verkauft oder feilgeboten hat, ist gehalten, den fünffachen Betrag des Stempelungstarifs zu bezahlen, wenn die amtliche Probe beweist, dass die Bezeichnung keine betrügerische ist. In diesem Falle wird das Stempelzeichen von Amts wegen und ohne weitere Kosten beigefügt.

Wer Uhrengehäuse in andern als den gesetzlichen Feingehaltsgraden oder andere nicht amtlich kontrolirte Gold- und Silberwaaren mit Bezeichnung des Feingehaltes, jedoch ohne dass zugleich die Marke oder das Zeichen des Produzenten beigesetzt ist, angefertigt, verkauft oder feilgeboten hat, verfällt in eine Busse, welche im vierfachen Betrage der für Stempelung der gesetzlichen Feingehalte festgesetzten Taxe besteht, sofern die amtliche Probe beweist, dass die Bezeichnung keine betrügerische ist.

In den beiden oben genannten Fällen darf der Gesammtbetrag der Busse indessen die Summe von 500 Franken nicht übersteigen.

Wer in betrügerischer Absicht mit Uebertretung gegenwärtigen Gesetzes Gegenstände angefertigt, verkauft oder feilgeboten hat, wird mit einer Geldbusse im Betrage von 30—2000 Franken oder mit Gefängniss von drei Tagen bis zu einem Jahre oder mit Geldbusse und Gefängniss innerhalb der angegebenen Begrenzung bestraft.

Als betrügerisch gilt:

a) was die Uhrengehäuse und andern Gold- und Silberwaaren betrifft:

   1) in Bezug auf Mischungsverhältnisse oder Legirung jede andere Bezeichnung als diejenige des wirklichen Feingehalts, dieselbe möge auf der Waare selbst angebracht, oder bei Gelegenheit des Verkaufs oder des Feilgebots geschehen sein;

   2) wenn bei einer Waare einzelne Theile derselben von niedrigerem Feingehalte sind, als das amtliche Stempelzeichen oder eine sonstige Bezeichnung angibt, unter Vorbehalt der durch die Vollziehungsverordnung fest-

gesetzten Bestimmungen und Ausnahmen (Art. 2
Alinea 3 des Gesetzes);

b) was Waaren aus anderem Metall oder plakirte Gegenstände betrifft:

jede Bezeichnung, welche auf Täuschung des Käufers
abzielt, sei es dass diese Bezeichnung auf den Waaren
selbst angebracht oder bei Gelegenheit des Verkaufs
oder des Feilgebots geschehen ist.

Art. 7. Wer die amtlichen Stempelzeichen ganz oder
theilweise nachgemacht oder nachgemachter Stempelzeichen
in betrügerischer Absicht sich bedient, oder in gleicher Absicht die amtlichen Stempelzeichen entstellt hat oder hat ent-
stellen lassen, wird mit Gefängniss von einem Monat bis zu
einem Jahre und mit einer Busse von 100—1000 Franken
bestraft.

Wer wissentlich einen unerlaubten Gebrauch von den
amtlichen Stempeln gemacht hat, wird mit Gefängniss von
zwei Wochen bis zu einem Jahre und einer Busse von
50—1000 Franken bestraft. Ist der Schuldige ein Kontrol-
beamter, so trifft ihn ausserdem Absetzung und Verlust des
eidgenössischen Diploms.

Sollte ein Mitglied des Kontrolamtes oder ein Angestellter
desselben Waaren, welche auf dem Kontrolamte abgegeben
worden sind, kopiren oder kopiren lassen, so verfällt der
Fehlbare in eine Busse von 20—200 Franken; sofern eine
böswillige Absicht oder grobe Fahrlässigkeit vorliegt, so erfolgt
ausserdem Amts- oder Dienstentlassung und gegebenen Falles
Verlust des Diplomes.

Art. 8. Der Bundesrath ist jederzeit berechtigt, den
Gebrauch von Marken oder Zeichen zu untersagen, welche
Veranlassung zu einer Verwechselung mit dem amtlichen
Stempel geben könnten.

Art. 9. Gegen Rückfällige können diese Strafen bis auf
das Doppelte erhöht werden.

Der Ertrag der Bussen und der konfiszirten Gegenstände
fällt in die vom Kanton bezeichnete Kasse.

Bei Ausfällung einer Geldstrafe hat der Richter für den
Fall der Nichterhebbarkeit derselben eine entsprechende Ge-
fängnissstrafe festzusetzen, welche an deren Stelle zu treten hat.

Immerhin bleibt in den in Art. 6 und 7 vorgesehenen
Fällen die Zivilentschädigung vorbehalten.

Art. 10. Die Strafverfolgung geschieht auf Antrag der
lokalen, kantonalen oder eidgenössischen zuständigen Behörden
oder der beschädigten Partei.

Die Gerichte werden nach Maassgabe der Gesetze über
das Prozessverfahren die Untersuchungen anordnen und die
nöthigen vorsorglichen Verfügungen treffen. Sie können bis

auf den Belauf des der beschädigten Partei zu entrichtenden vollständigen Schadenersatzes und der schuldigen Bussen die Konfiskation der mit Beschlag belegten Gegenstände anordnen. Sie können ebenfalls auf Kosten der Verurtheilten die Einrückung des Urtheils in die öffentlichen Blätter veranstalten.

In allen Fällen werden die falschen Stempel konfiszirt und zerstört, und die mit betrügerischen Stempelzeichen versehenen Gegenstände werden zerschnitten.

Art. 11. Gegenwärtiges Gesetz tritt am 1. Jänner 1882 in Kraft. Vom gleichen Tage an sind die einschlägigen Vorschriften kantonaler Gesetze und Verordnungen aufgehoben.

Während der diesem Zeitpunkte vorangehenden vier Monate können von den Kontrolämtern mit einem Stempel *ad hoc* alle diejenigen Waaren versehen oder auch plombirt werden, welche zwar keine auf Betrug abgesehene Bezeichnung führen, aber auch nicht den Bestimmungen gegenwärtigen Gesetzes und den Vollziehungsverordnungen entsprechen.

Sobald das Gesetz in Kraft getreten ist, wird jede nicht plombirte oder nicht mit dem Stempel *ad hoc* bezeichnete Waare den Bestimmungen der Art. 1, 2, 6 bis 10 gemäss behandelt. Die Gegenstände indessen, welche sich zur Zeit der Bekanntmachung dieses Gesetzes im Auslande befinden, aber später nach der Schweiz zurückgeschickt werden, können zur Bezeichnung mit dem Stempel *ad hoc* oder zur Plombirung zugelassen werden, wenn der Beweis beigebracht wird, dass der Inhaber der betreffenden Waare verhindert war, zu rechter Zeit dem Gesetze nachzukommen. Diese ausnahmsweise Erleichterung hört nach Ablauf von fünf Jahren nach Inkrafttreten des Gesetzes auf.

Art. 12. Der Bundesrath ist beauftragt, auf Grundlage der Bestimmungen des Bundesgesetzes vom 17. Brachmonat 1874, betreffend die Volksabstimmung über Bundesgesetze und Bundesbeschlüsse, die Bekanntmachung dieses Gesetzes zu veranstalten.

Also beschlossen vom Nationalrathe,
B e r n, den 23. Christmonat 1880.

Der Präsident: Dr. C. B u r c k h a r d t.
Der Protokollführer: S c h i e s s.

Also beschlossen vom Ständerathe,
B e r n, den 23. Christmonat 1880.

Der Präsident: S a h l i.
Der Protokollführer: G i s i.

Der schweizerische Bundesrath beschliesst:

Aufnahme des vorstehenden Bundesgesetzes in das Bundesblatt.

Bern, den 4. Jänner 1881.

Im Namen des schweizerischen Bundesrathes,
Der Vizepräsident:
Droz.

Der Kanzler der Eidgenossenschaft:
Schiess.

Datum der Publikation: 8. Januar 1881.
Ablauf der Einspruchsfrist: 8. April 1881.

Zur Ausführung des vorstehenden Gesetzes wurden folgende Verordnungen erlassen.

1. Vollziehungsverordnung betreffend Kontrolirung und Garantie des Feingehalts der Gold- und Silberwaaren.
(Vom 17. Mai 1881.)

Der schweizerische Bundesrath,

in Ausführung des Bundesgesetzes vom 23. Christmonat 1880, betreffend die Kontrolirung und Garantie des Feingehaltes der Gold- und Silberwaaren;

auf den Vorschlag des eidgenössischen Handels- und Landwirthschaftsdepartements,

beschliesst:

I. Proben und Stempelungen.

Art. 1. Die Stempelzeichen für die Kontrolirung der verschiedenen Feingehalte sind folgende:

(Bild siehe Seite 69.)

Art. 2. Die einem Kontrolamte zur Probirung und Kontrolirung eingesandten Waaren müssen nach dem Feingehalte klassifizirt und von einander getrennt gehalten sein. Jede Partie muss von einer mit der Unterschrift des Produzenten versehenen Deklaration begleitet sein, welche die Zahl und Beschaffenheit der Gegenstände, den Feingehalt und die Nummern angiebt.

Die Bijouteriearbeiten, Gold- und Silberarbeiten, Uhrengehäuse und alle nicht numerirten Stücke müssen, um kontrolirt zu werden, die Marke des Fabrikanten oder ein von dem Kontrolamte anerkanntes Unterscheidungszeichen tragen.

Art. 3. Die zur Kontrolirung eingereichten Gold- oder Silberwaaren werden in allen ihren Theilen probirt. Um eine Beschädigung durch die Entnahme der Probe zu vermeiden, müssen sie vollständig montirt, nicht ganz fertig, aber so weit in der Fabrikation vorgerückt eingereicht werden, dass beim Fertigstellen die eingeschlagenen Marken, sowie die Waaren keine Aenderung erfahren können.

Eine spezielle Verordnung des eidgenössischen Handels- und Landwirthschaftsdepartements wird soweit nöthig und mit Berücksichtigung der verschiedenen Klassen von Waaren diese Vorschrift noch mehr ins Einzelne ausführen.

Art. 4. Keiner der eine Gold- oder Silberwaare zusammensetzenden Theile darf von geringerem Feingehalte als die Waare im Ganzen sein, was auch immer die Farbe der für seine Fabrikation oder Dekoration angewendeten Legirungen sei. Ausgenommen sind die Einlagen und Ornamente von Platina und Silber, welche äusserlich angebracht sind, sowie auch die Charniere von silbernen Uhrengehäusen, soweit dies nicht durch die Bestimmungen des Art. 8 beschränkt ist.

Art. 5. Der Stempel wird auf allen wesentlichen Theilen der Waare angebracht, nämlich:

1) bei den Uhrengehäusen:
   a) auf den Deckeln;
   b) auf dem Staubdeckel (cuvette);
   c) auf den Rändern (carrures);
   d) auf dem Bügel.

Auf Verlangen des Fabrikanten kann der Stempel auch auf dem Bügelring angebracht werden.

Stempel mit denselben Zeichen wie die oben angeführten,
aber kleiner, dienen zum Stempeln der Gold- und Silberarbeiten, der Ränder (carrures) und Bügel von Uhrengehäusen u. s. w.

Wenn der Staubdeckel von einem andern Metall als
dem durch den Stempel bezeichneten ist, so muss er die
genaue Bezeichnung dieses Metalles mit allen Buchstaben
enthalten.

2) Bei den Gold-, Silber- und Bijouteriearbeiten wird der
Stempel auf dem Haupttheil der Waare angebracht.
Dies wird an dem Orte geschehen, welcher am passendsten
und solidesten ist, um den Eindruck des Stempels zu
ertragen.

Zusätze zur Angabe des Feingehaltes von 18 Karat für
Gold und 875 Tausendstel für Silber, wie: premier titre, first
silver, first gold, erster Feingehalt und damit identische Ueber-
setzungen in andere Sprachen werden zur eidgenössischen
Stempelung zugelassen.

Art. 6. Wenn Gold- und Silberwaaren äusserlich oder
innerlich Theile von geringerem Feingehalt als dem in der
Deklaration oder den aufgedrückten Zeichen angegebenen enthalten, so werden diese Theile durch den beeidigten Probirer
in Gegenwart eines Mitgliedes der Aufsichtsbehörde zerschnitten, unbeschadet der durch das Gesetz vorgesehenen
Strafen.

Art. 7. Für täuschungsweise ausgefüllt erklärt werden
die Gold- und Silberwaaren, welche im Inneren Theile von
geringerem Feingehalt, ein Uebermaass von Loth, oder Metalle,
Legirungen und andere Substanzen, verschieden von den die
Hauptmasse der Waare bildenden, enthalten.

Die für täuschungsweise ausgefüllt erkannten Gegenstände
werden von dem beeidigten Probirer in Gegenwart eines Mitgliedes der Aufsichtsbehörde zerschnitten, unbeschadet der
durch das Gesetz vorgesehenen Strafen.

Art. 8. Wenn die zur Stempelung vorgelegten Waaren
für ein Land bestimmt sind, welches verlangt, dass die Feingehalte voll oder ein wenig höher seien, als die durch das
Bundesgesetz bestimmten, oder welches die im Art. 4 angeführten Ausnahmen nicht zulässt, so ist es Sache des Produzenten, die in dieser Beziehung nöthigen Vorsichtsmaass-
regeln zu treffen. Das schweizerische Kontrolamt trifft keine
Verantwortlichkeit, wenn, nachdem es das eidgenössische
Stempelzeichen, unter Berücksichtigung der gesetzmässigen
Fehlergrenze oder der im Art. 4 vorgesehenen Ausnahmen,
angebracht hat, die fraglichen Waaren später von dem aus-
wärtigen Kontrolamt zerschnitten oder zurückgewiesen werden.

Art. 9. Der Tarif für die Stempelung wird festgesetzt
wie folgt:

a) für ein goldenes Uhrengehäuse mit Glas . Fr. 0. 15
b) „ „   „   „   .   „ Doppel-
schale . . . .   „ 0. 20
c) für ein silbernes Uhrengehäuse mit Glas .   „ 0. 05
d) „ „   „   „   „ Doppel-
schale . . . .   „ 0. 10
e) für die Bijouterie pro Stück bis zu 10 gr. .   „ 0. 05
f) „ „   „   „   „ von 10 gr. und
darüber . . . .   „ 0. 15
g) für Goldschmiedarbeit pro Stück bis zu 150 gr. „ 0. 05
h) für Goldschmiedarbeit pro Stück von 150
bis 300 gr. . . . .   „ 0. 15
i) für Goldschmiedarbeit pro Stück von 300 gr.
und darüber . . . .   „ 0. 50

Diese Taxen müssen genau beobachtet werden. Jedoch
darf der Bundesrath eine kleine Erhöhung zu Gunsten derjenigen Kontrolämter bewilligen, welche ihre Jahreskosten
nicht einbringen.

Die Rücksendung der Waaren muss ohne Verpackungskosten stattfinden.

Für Gegenstände, welche nicht gestempelt werden können,
wird als Busse die doppelte Probirtaxe erhoben.

Art. 10. Jeder Stempel wird ein besonderes Zeichen
haben, aus welchem man erkennen kann, in welchem Kontrolamt die Gegenstände gestempelt worden sind.

II. Organisation der Kontrolämter.

Art. 11. Die Kantone bestimmen die Art und Weise
der Verwaltungsorganisation der Kontrolämter. Für jedes Amt
wird eine Aufsichtskommission eingesetzt.

Die Kantone müssen dafür sorgen, dass den Kontrol-
ämtern passende Lokalitäten überwiesen werden, damit die
Beamten bequem arbeiten können und das Publikum keinen
Zutritt zu den Laboratorien und Arbeitszimmern der Probirer hat.

Das eidgenössische Handels- und Landwirthschaftsdepartement wird den Kantonen die erforderlichen Instruktionen über
die Einrichtungen, Materialien, Register und Formulare,
Apparate, Werkzeuge, Chemikalien u. s. w., deren die Kontrolämter bedürfen, ertheilen.

Art. 12. Die Kantone müssen die Bewilligung zur Eröffnung eines Kontrolamtes jeder Gemeinde oder jeder Ver-
einigung von Gemeinden ertheilen, welche den Beweis liefert,
dass sie in der Lage ist, dem Gesetze und den Verordnungen
in dieser Sache zu entsprechen, und welche sich verpflichtet,
ein eventuelles Defizit des Amtes zu tragen.

Wenn in einer oder mehreren Lokalitäten, wo es keine
Kontrolämter giebt, sich Gemeinden befinden, welche nicht ge-

neigt sind, die Verantwortlichkeit eines Kontrolamtes zu übernehmen, und sich dagegen ein Konsortium oder eine Ver-
einigung von Interessenten bildet, um ein Probiramt in Uebereinstimmung mit den Vorschriften des Bundesgesetzes und der
Vollziehungsverordnung zu errichten, so müssen sie hiezu die
Bewilligung ihrer bezüglichen Kantonsregierungen nachsuchen.
Ihre Statuten unterliegen der Genehmigung durch die Kantons-
behörde.

Die Bundesbehörde kann sich der Eröffnung eines Kontrolamtes widersetzen oder die Schliessung eines solchen anordnen,
welches nicht in der Weise organisirt ist, um hinreichende
Garantien zu bieten.

Art. 13. Die Kantone, Gemeinden oder Vereinigungen,
welche zu der Unterhaltung und den Lasten der Aemter bei-
zutragen haben, bestimmen nach Gutfinden die Verwendung
eines allfälligen bei den Aemtern entstehenden Ueberschusses,
immerhin in erster Linie zur Verbesserung der Einrichtungen
des Amtes und zur Errichtung eines Reservefonds.

Art. 14. Die Aemter übersenden jedes Vierteljahr dem
eidgenössischen Handels- und Landwirthschaftsdepartement
einen Bericht über die Anzahl der kontrolirten Gegenstände,
über die Einnahmen und Ausgaben des Amtes, sowie im
allgemeinen über die Art, in welcher das Gesetz im Industrie-
bezirke ausgeführt wird, für welchen das Amt hauptsächlich
arbeitet.

Art. 15. Das eidgenössische Handels- und Landwirthschaftsdepartement hat die Befugniss, zu ihm passend er-
scheinenden Zeiten eine Inspektion der Kontrolämter vor-
nehmen zu lassen.

Art. 16. In Gemässheit des Art. 4 des Bundesgesetzes
über die Kontrole und Garantie der Gold- und Silberwaaren
wird ein eidgenössisches Kontrolamt errichtet.

Es ist dazu bestimmt:

1) Probirer auszubilden, welche die nöthigen theoretischen
   und praktischen Kenntnisse besitzen;
2) Prüfungen für die Erlangung eines eidgenössischen
   Diploms vorzunehmen;
3) in Streitfällen die Proben der kantonalen Kontrolämter
   zu revidiren.

Die beiden Alinea unter Nr. 1 und 2 bilden den Gegenstand spezieller Instruktionsertheilung seitens des eidgenössischen Handels- und Landwirthschaftsdepartements.

Art. 17. In Streitfällen ist die Revision der Proben,
welche im eidgenössischen Kontrolamte geschieht, eine end-
gültige ohne Appellation. Die Waaren werden folglich entweder gestempelt oder zerschnitten.

Art. 18. Für die Revision wird das Vierfache des von
den Kantonen festgesetzten Tarifs bezahlt.

Die Kosten werden von derjenigen Seite bezahlt, welche den Irrthum begangen hat. Wenn der Streit zwischen einem Amte und einer Privatperson stattfindet und die letztere Recht behält, so werden ihr keine Kosten oder Stempelungstaxe berechnet.

Art. 19. Die Einnahmen und Ausgaben des eidgenössischen Kontrolamts bilden einen Bestandtheil des Büdgets des eidgenössischen Handels- und Landwirthschaftsdepartements.

III. Beeidigte Probirer.

Art. 20. Der Titel eines beeidigten Probirers kommt ausschliesslich den Probirern zu, welche im Besitze des eidgenössischen Diploms sind.

Das eidgenössische Diplom wird nach bestandener Prüfung ertheilt. Ausnahmsweise kann es auch auf andere Beweismittel hin ertheilt werden, nach entsprechendem Berichte der Prüfungskommission.

Das eidgenössische Handels- und Landwirthschaftsdepartement ernennt diese Kommission und setzt das Prüfungsreglement und Programm fest.

Die Diplome werden im Namen des Departements ausgestellt.

Art. 21. Die Aemter müssen eine hinreichende Anzahl Probirer und anderer Angestellten besitzen, damit der Dienst in passender Weise ausgeübt werden kann und niemals unterbrochen wird.

Die Ernennung der Probirer und anderen Beamten findet nach den durch den Kanton festgesetzten Regeln statt und wird sofort zur Kenntniss des eidgenössischen Handels- und Landwirthschaftsdepartements gebracht.

Der Kanton bestimmt auch die Besoldung der Probirer und Angestellten, die von ihnen zu leistende Kaution und die ihnen zukommenden Verpflichtungen in Bezug auf Dauer und Vertheilung der Arbeit.

Die Probirer und Angestellten des Kontrolamtes dürfen auf keinen Fall Handel mit Waaren oder Material aus Gold- und Silber treiben.

Das eidgenössische Handels- und Landwirthschaftsdepartement kann die Suspension oder Absetzung eines Probirers oder Angestellten verlangen, welcher seine Verrichtungen nicht ordnungsmässig ausübt. Im Falle ernstlicher Nachlässigkeit eines beeidigten Probirers hat das Departement die Befugniss, ihm sein Diplom zu entziehen, mit Vorbehalt eines Rekurses an den Bundesrath.

Art. 22. Es ist den Probirern und Angestellten, so wie den Mitgliedern der Aufsichtskommissionen ausdrücklich untersagt, von den dem Amte zum Probiren allein oder zum

Probiren und Kontroliren eingesandten Waaren Nachzeichnungen, mündliche oder schriftliche Beschreibungen zu nehmen und zu geben, Typen, Dessins und Dekorationen zu kopiren oder kopiren zu lassen.

IV. Verschiedene Bestimmungen.

Art. 23. In jedem Kontrolamt werden zwei Metallplatten deponirt, welche die Bestimmung haben, nach einer Ordnungsnummer den Abdruck der Marken oder Zeichen der in den Bezirk dieses Amtes fallenden Produzenten von Gold- und Silberwaaren zu empfangen (Artikel 2 des Gesetzes). Das eidgenössische Handels- und Landwirthschaftsdepartement wird die Umstände näher bezeichnen, unter welchen diese Marken zugelassen werden.

Jeder zur Deponirung seiner Marke eingeladene Produzent ist gehalten, zugleich seinen Wohnort und seinen Industriezweig anzugeben. Diese Angabe wird in einem speziell dazu bestimmten Register eingetragen, welches auch die Ordnungsnummer des Abdrucks anzeigt.

Art. 24. Wenn ein Kontrolamt eine Gesetzesübertretung zu rügen hat, so muss es darüber sofort Bericht an die lokale Aufsichtskommission erstatten, welche der gerichtlichen Behörde des Kantons darüber zu referiren hat, damit dem Gesetze Genugthuung gegeben werde.

Art. 25. Die Kantone können bestimmen, dass die sogenannten Handelsproben (von Barren u. s. w.) in den Kontrolämtern stattfinden, aber es darf daraus kein Verzug für das Probiren und Stempeln der Gold- und Silberwaaren entstehen. Die Kantone bestimmen den Tarif für diese Proben nach freiem Ermessen.

Bern, den 17. Mai 1881.

Im Namen des schweiz. Bundesrathes.

Der Bundespräsident:

Droz.

Der Kanzler der Eidgenossenschaft:

Schiess.

---

2. Vollziehungsverordnung zum Artikel 11 des Bundesgesetzes über die Kontrole von Gold- und Silberwaaren.
(Vom 17. Mai 1881.)

Der schweizerische Bundesrath,

in Ausführung vom Artikel 11 des Bundesgesetzes über die Kontrole und Garantie von Gold- und Silberwaaren;

auf den Antrag seines Handels- und Landwirthschaftsdepartements,

beschliesst:

Art. 1. Vom 1. Herbstmonat 1881 ab können die kantonalen Kontrolämter Gold- und Silberwaaren zur Stempelung *ad hoc* oder zur Plombirung mit folgendem Stempel unter den nachstehenden Bedingungen zulassen.

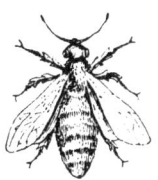

Art. 2. Uhrengehäuse, welche eine oder die andere der im Art. 1 litt. A des Bundesgesetzes erwähnten Bezeichnungen führen, und welche nicht mit dem Kontrolzeichen eines schweizerischen Kantons oder irgend eines anderen Staates, dessen Stempel als gleichwerthig anerkannt ist, versehen sind, können entweder den dem angezeigten Feingehalte entsprechenden Stempel empfangen oder, wenn dessen Anbringung nicht möglich ist, *ad hoc* plombirt werden, in Gemässheit der den Kontrolämtern zu ertheilenden Anweisungen.

Art. 3. Waaren, welche die Bezeichnung anderer Feingehalte führen, ohne die Marke oder das Zeichen des Erzeugers zu tragen, werden zur Anbringung eines Stempels *ad hoc* oder zur Plombirung zugelassen, um den Beweis zu liefern, dass sie vor dem Inkrafttreten des Bundesgesetzes fertig gestellt worden sind.

Art. 4. In den durch Art. 2 und 3 dieser Verordnung vorgesehenen Fällen muss die amtliche Probe zeigen, dass die Bezeichnung des Feingehaltes der Wirklichkeit entspricht.

Art. 5. Wenn Gold- oder Silberwaaren, deren Zusammensetzung den Bedingungen der Vollziehungsverordnung nicht vollständig entspricht, zur Stempelung *ad hoc* oder zur Plombirung eingereicht werden, so haben die Kontrolämter darüber an das Handels- und Landwirthschaftsdepartement Bericht zu erstatten, welches ihnen weitere Anweisungen ertheilen wird.

Art. 6. Ein spezieller Tarif wird für die Stempelung *ad hoc* oder Plombirung der in die oben bezeichneten Kategorien gehörigen Gold- und Silberwaaren aufgestellt werden.

Bern, den 17. Mai 1881.

Im Namen des schweiz. Bundesrathes.
Der Bundespräsident:
Droz.
Der Kanzler der Eidgenossenschaft:
Schiess.

Eine Reihe von weiteren Instruktionen und Zirkular-
verfügungen, deren Mittheilung indessen zu weit führen würde,
findet sich in dem amtlichen Werke: Recueil des dispositions
actuellement en vigueur concernant la garantie et le controle
officiels du titre des ouvrages d'or et d'argent en Suisse.
Berne, Imprimerie S. Collin. 1885.

:IV. Oesterreich.

In den österreichischen Kronländern bestanden während
der ersten Hälfte dieses Jahrhunderts in Bezug auf den Feingehalt der Gold- und Silberwaaren sehr abweichende Gesetzes-
bestimmungen. Mit dem zunehmenden Verkehr wurde das
Bestreben, zu einer einheitlichen Regelung zu gelangen, immer
stärker. Der mit dem deutschen Zollvereine in den fünf-
ziger Jahren dieserhalb gepflogenen Verhandlungen wurde oben
Seite 3 bereits gedacht. Als diese nicht zum Abschluss gelangten, schritt Oesterreich zur autonomen Regelung der An-
gelenheit mittels des noch jetzt für das ganze Reich geltenden
Gesetzes vom 19. August 1865.

Nach diesem Gesetze besteht zur Zeit in Oesterreich der
Stempelungs- und Staatskontrolzwang für die im Inlande zum
Handel verfertigten Gold- und Silberbarren, für Gold- und
Silbergeräthe, zu denen auch die Schmucksachen gehören,
sowie für Gold- und Silberdraht. Für Geräthe und Draht
besteht ausserdem ein Legirungs- (Feingehalts-) Zwang.

Das erwähnte Gesetz nebst der Inkraftsetzungs-Verordnung
hat folgenden Wortlaut:

Kaiserliche Verordnung vom 26. Mai 1866,
womit ein Gesetz über den Feingehalt der Gold- und Silber-
waaren und dessen Ueberwachung in Wirksamkeit gesetzt wird.

Gültig für das ganze Reich.
(Reichs-Gesetz-Blatt S. 181.)

Auf Grund Meines Patentes vom 20. September 1865
(Reichs-Gesetz-Blatt Nr. 89) finde Ich, nach Anhörung Meines
Ministerrathes, zu verordnen:

ĮI.

Das folgende, mit Zustimmung der beiden Häuser Meines
Reichsrathes zu Stande gekommene, von Mir bereits unterm
19. August 1865 sanktionirte Gesetz über den Feingehalt der
Gold- und Silberwaaren und dessen Ueberwachung hat mit
erstem August 1866 in Wirksamkeit zu treten.

II.

Alle hinsichtlich des Feingehaltes der Gold- und Silberwaaren und dessen Ueberwachung bisher geltenden Bestimmungen haben mit der Wirksamkeit des neuen Gesetzes auf-
zuhören.

Mein Finanzminister ist mit dem Vollzuge dieser Verordnung beauftragt.

Schönbrunn, 26. Mai 1866.

Franz Joseph m. p.

Graf Belcredi m. p.   Graf Larisch-Moenich m. p.

Auf Allerhöchste Anordnung:
Bernhard Ritter von Meyer m. p.

**Gesetz über den Feingehalt der Gold- und Silberwaaren
und dessen Ueberwachung.**

Wirksam für das ganze Reich.

Mit Zustimmung beider Häuser Meines Reichsrathes finde
Ich zu erlassen wie folgt:

I. Abschnitt.
Allgemeine Bestimmungen.

§ 1. Die im Inlande verfertigten, sowie die vom Auslande eingeführten Gold- und Silberwaaren unterliegen hinsichtlich ihres Feingehaltes der amtlichen Kontrole.

§ 2. Diese Kontrole wird durch eigene Kontrolämter
ausgeübt, welche dem Finanzministerium unterstehen.

§ 3. Für die amtliche Kontrole der Gold- und Silberwaaren wird eine Gebühr erhoben.

§ 4. Der Feingehalt der Gold- und Silberwaaren wird
durchgehends in tausendsten Theilen ($\frac{n}{1000}$) ihres Gewichtes ausgedrückt.

§ 5. Die Gewichtseinheit bei Gold- und Silberwaaren
ist das durch das kaiserliche Patent vom 19. September 1857
(R.-G.-Bl. vom Jahre 1857 Nr. 169) der Ausmünzung zu Grunde
gelegte Pfund, im Gewichte von 500 Grammen mit der Unter-
abtheilung in 10 000 Ass.

1 Pfund ist gleich 1 Mark, 12 Loth, 2 Quintel, 0.093824
Denar.

1 Ass gleich 0.0456093824 Denar des bestandenen wiener
Markgewichtes.

§ 6. In Absicht auf die Kontrole und Bestätigung werden
die Gold- und Silberwaaren unterschieden in

a) Barren,
b) Geräthe (mit Einschluss der Geschmeide),
c) Draht und aus Draht verfertigte Gegenstände.

II. Abschnitt.
Gold- und Silberbarren.

§ 7. Die im Inlande zum Handel verfertigten Gold- und Silberbarren müssen mit dem Namen des Verfertigers versehen sein, und sind dem betreffenden Punzirungsamte zur Untersuchung des Feingehaltes vorzulegen.

§ 8. Bei Bestimmung des Feingehaltes der Gold- und Silberbarren hat das den Münzstätten vorgeschriebene Probirverfahren und insbesondere beim Silber die Probe auf nassem Wege stattzufinden.

§ 9. Findet die Partei gegen den amtlichen Probebefund einen Anstand zu erheben, so ist ein in deren Gegenwart dem Barren entnommenes und gemeinschaftlich versiegeltes Stückchen, behufs der nochmaligen Feingehaltsuntersuchung, an das k. k. Generalprobiramt in Wien zu leiten. Der Probebefund des letzteren Amtes bleibt maassgebend.

Wenn durch diese Entscheidungsprobe die von der Partei gegen den Befund des Punzirungsamtes erhobenen Anstände nicht als begründet erkannt worden sind, ist von derselben für die wiederholte Probe die tarifmässige Probegebühr sammt den Einsendungskosten zu entrichten.

§ 10. Nach Feststellung des Feingehaltes wird der Barren mit dem Stempel des betreffenden Punzirungsamtes, der fortlaufenden Nummer und dem in Ziffern ausgedrückten Feingehalte bezeichnet.

§ 11. Die Kontrolgebühr ist bei Goldbarren auf einen Gulden, bei Silberbarren auf fünfzig Neukreuzer für das Pfund festgesetzt.

Für Barren über dem Gewichte von fünf Pfund ist für das Mehrgewicht nur die halbe Gebühr zu entrichten.

§ 12. Die von einer k. k. Münzstätte ausgehenden Gold- und Silberbarren sind mit dem Stempel derselben, einer fortlaufenden Nummer und dem in Ziffern ausgedrückten Feingehalte zu versehen.

§ 13. Vom Auslande eingeführte, mit dem Probezeichen einer ausländischen öffentlichen Behörde versehene Barren unterliegen der Kontrolbehandlung und Gebührenentrichtung nicht.

Eingeführte, mit einem solchen Probezeichen nicht versehene Barren sind dagegen dem in diesem Abschnitte vorgeschriebenen Verfahren zu unterziehen, wenn nicht die Partei deren Wiederausfuhr vorzieht.

III. Abschnitt.
Gold- und Silbergeräthe.

§ 14. Es dürfen nur solche Gold- und Silbergeräthe verfertigt werden, welche keinen geringeren, als den im § 20 festgesetzten niedersten Feingehalt besitzen.

§ 15. Jedes neu verfertigte Gold- oder Silbergeräthe ist der kontrolamtlichen Untersuchung des Feingehaltes und Bezeichnung desselben (Punzirung) zu unterziehen.

§ 16. Zu diesem Behufe muss das zur Punzirung überbrachte Geräthe mit der Namenspunze des Verfertigers (§ 35) oder dem von der Behörde genehmigten Fabrikszeichen desselben versehen und in seiner Ausfertigung so weit vorgeschritten sein, dass dasselbe nach erfolgter amtlicher Probe und Punzirung bei der Vollendung nicht verändert werden kann, und dass die amtliche Punze nicht beschädigt werde.

§ 17. Jeder abnehmbare (d. i. mittels Anschrauben, Annieten oder mittels Charnier verbundene), sowie jeder angelöthete Bestandtheil eines Geräthes ist einer besonderen Feingehaltsuntersuchung, und, wo es ohne Beschädigung geschehen kann, der Bezeichnung des Feingehaltes zu unterziehen.

§ 18. Der amtlichen Kontrole sind nicht unterworfen:
a) chirurgische, physikalische und mathematische Instrumente und deren Fassungen;
b) Denkmünzen, welche in den k. k. Anstalten geprägt werden;
c) mit Schmelz vollständig überzogene Arbeiten;
d) blosse Fassungen von Steinen, Mosaik oder Perlen u. dgl., bei welchen das Gewicht des Goldes und Silbers von untergeordneter Bedeutung ist;
e) Gegenstände, welche im Ganzen beim Gold nicht mehr als 40 Ass oder 0.004 Münzpfund, und beim Silber nicht mehr als als 60 Ass oder 0.006 Münzpfund wiegen.

§ 19. Zur Ausfuhr ausser das Zollgebiet bestimmte Gold- und Silbergeräthe können von der amtlichen Punzirung und der Entrichtung der Gebühr ausnahmsweise enthoben werden, wenn dem Punzirungsamte vorerst von der Erzeugung solcher Geräthe zum Zwecke der Ausfuhr unter Angabe der Anzahl, Gattung und des Gewichtes der Stücke die Anzeige erstattet, die fertige Waare demselben vorgewiesen und ohne Namenspunze befunden, endlich unter der Kontrole desselben die Ausfuhr bewirkt wird.

§ 20. Die gesetzlichen Feingehaltsgrade sind:

für inländische Goldgeräthe:

1. 920 Tausendsttheile (22 Karat 0.96 Grän)
2. 840   „   (20   „   1.92   „)
3. 750   „   (18   „   —   „)
4. 580   „   (13   „   11.04   „);

für inländische Silbergeräthe:

1. 950 Tausendsttheile (15 Loth 3.6 Grän)
2. 900   „   (14   „   7.2   „)
3. 800   „   (12   „   14.4   „)
4. 750   „   (12   „   —   „).

Nur die entsprechende Nummer dieser Feingehaltsgrade
wird auf den Geräthen amtlich bezeichnet. Andere Feingehalte
werden gleich dem nächst niedrigeren gesetzlichen Feingehaltsgrade behandelt.

Vergoldete oder mit Gold überzogene (plattirte) Silbergeräthe werden als Silbergeräthe punzirt.

§ 21. Unter Gold- und Silbergeräthen werden solche Geräthe aus anderen Metallen nicht verstanden, welche nur ver-
goldet, versilbert, plattirt, oder welche mit Gold oder Silber
so verbunden (legirt) sind, dass das edle Metall nicht über ein
Viertheil (250 Tausendsttheile) von dem Gesammtgewichte des
Geräthes bildet.

Solche Geräthe dürfen nicht als Gold- und Silberwaaren
feilgeboten und verkauft werden.

§ 22. Gold- und Silbergeräthe, deren Bestandtheile durch
Löthung verbunden sind, dürfen weder im Ganzen mit Einschluss des Schlagloths, noch in einem der einzelnen Bestandtheile einen geringeren, als den durch die Punze auszu-
drückenden Feingehalt besitzen.

§ 23. Das zur Löthung eines Gold- oder Silbergeräthes
verwendete Schlagloth muss wenigstens zur Hälfte aus demselben edlen Metalle bestehen.

Das Schlagloth darf die zur Löthung unumgänglich noth-
wendige Menge nicht überschreiten.

§ 24. Als Beisatz (Legirung) des Goldes darf nur Silber
oder Kupfer, oder Silber und Kupfer, als Beisatz des Silbers
nur Kupfer verwendet werden.

Andere Metalle oder Metallgemische sind ausgeschlossen.

§ 25. Die Bestimmung des Feingehaltes der Gold- und
Silbergeräthe erfolgt in der Regel mittels der Nadel- oder
Strichprobe. In den Fällen aber, in welchen eine grössere
Genauigkeit nothwendig erscheint, ist das in dem kaiserlichen
Patente vom 19. September 1857 (R.-G.-Bl. XXIII. Stück,
Nr. 169, 1857), Artikel 3, für die Ausmünzung vorge-
schriebene Probirverfahren anzuwenden und entscheidend.

§ 26. Ergiebt sich bei der Probe, dass das Geräthe den
geringsten gesetzlichen Feingehalt (§ 20) nicht hat, so ist
dasselbe, wenn die Partei gegen den Probebefund keine Ein-
wendung erhebt, zu zerschlagen und derselben zurückzustellen.

§ 27. Findet jedoch die Partei den Feingehaltsbefund
des Kontrolamtes zu beanstanden, so steht es ihr frei, die
Wiederholung der Probe zu verlangen. Ist die Partei auch
durch den zweiten Befund nicht zufriedengestellt, so ist das
Geräthe, gemeinschaftlich gesiegelt, an das Generalprobiramt
in Wien zur Vornahme einer neuen genauen Probe zu leiten,
deren Ergebniss für das weitere Verfahren (§ 20 oder 26)
maassgebend bleibt. Wenn durch diese Entscheidungsprobe
die von der Partei gegen den Befund des Punzirungsamtes

erhobenen Anstände nicht als begründet erkannt worden sind,
ist von derselben für die wiederholte Probe die tarifmässige
Probegebühr sammt den Einsendungskosten zu entrichten.

§ 28. Verfertiger oder Verkäufer von Gold- und Silberwaaren sind verpflichtet, die in ihrem Besitze befindlichen
Vorräthe an derlei noch nicht punzirten Waaren — soferne
solche mehr als ein Viertheil von dem Gesammtgewichte an
edlem Metalle enthalten — binnen einem Jahre nach ein-
getretener Wirksamkeit dieses Gesetzes der amtlichen Bezeichnung (Vorrathspunzirung, § 39) zu unterziehen, welche
gebührenfrei zu erfolgen hat.

Diese Amtshandlung wird sich aber nur darauf beschränken, nach gepflogener Untersuchung und richtigem
Befunde durch eine besondere Punze anzuzeigen, dass das
Gewicht des in dieser Waare enthaltenen edlen Metalles mehr
als ein Viertheil von dem Gesammtgewichte derselben betrage.

Die nach Ablauf obiger Frist bei jenen Personen vor-
gefundenen kontrolpflichtigen, aber nicht amtlich bezeichneten
(punzirten) Gold- und Silberwaaren unterliegen dem in diesem
Gesetze vorgezeichneten Strafverfahren.

§ 29. Es bleibt jedoch den Verfertigern und Verkäufern
von Gold- und Silbergeräthen freigestellt, ihre Vorräthe an
älteren Erzeugnissen während des freigelassenen Zeitraumes
von einem Jahre auch der amtlichen Bezeichnung des Feingehaltes, nach freier Wahl, entweder nach den Bestimmungen
dieses oder des vor diesem in Wirksamkeit bestandenen Gesetzes, gegen Entrichtung der dem bezüglichen Gesetze entsprechenden Gebühr, unterziehen zu lassen, insofern der Feingehalt den Bestimmungen entspricht.

§ 30. Ausländische Gold- und Silbergeräthe, welche in
das Zollgebiet eingeführt werden, unterliegen der Feingehalts-
kontrole.

In den Zollausschlüssen müssen derlei Geräthe nur dann
dieser Kontrole unterzogen werden, wenn sie zum Handelsverkehre bestimmt sind.

§ 31. Ausgenommen von dieser Bestimmung sind:
a) die im § 18 genannten Gegenstände,
b) jene Gold- und Silbergeräthe, welche, wie z. B. Reise-
effekten, bei der Einfuhr über die Zolllinie vom Ein-
gangszolle gesetzlich befreit sind.

§ 32. Das Zollamt hat nach geschlossenem Verfahren
die kontrolpflichtige Waare sammt der zollamtlichen Ausfertigung im amtlichen Wege an das nächste, oder auf Verlangen der Partei an das von ihr bezeichnete Punzirungsamt
zu leiten.

§ 33. Bei den aus dem Auslande eingeführten Gold-
und Silbergeräthen hat sich die Kontrole auf die Er-
hebung zu beschränken, ob dieselben wenigstens den gering-

sten für das Inland bestimmten Feingehaltsgrad (§ 20) besitzen.

Ergiebt sich bei der Probe, dass die eingeführte Waare diesen Feingehaltsgrad nicht erreicht, so ist dieselbe, wenn der Eigenthümer einwilligt, zu zerschlagen und an denselben zurückzustellen, im entgegengesetzten Falle aber auf dessen Kosten über die Grenze zurückzuschaffen, was in dem Falle, wo die Einfuhr über ein Zollamt erfolgte, im Wege desselben zu geschehen hat.

Hat aber die Waare den geforderten Feingehalt, so ist sie mit der Bezeichnung des ausländischen Ursprunges zu versehen (§ 40) und zum inländischen Verkehre zuzulassen.

§ 34. Die aus dem Auslande in das Zollgebiet oder in Zollausschlüsse eingeführten kontrolpflichtigen ausländischen Gold- und Silbergeräthe unterliegen der im § 44 festgesetzten Gebühr.

§ 35. Jedes im Inlande neu verfertigte und zur amtlichen Kontrolbehandlung überbrachte Gold- und Silbergeräthe muss mit der Namenspunze des Verfertigers oder dem von der Behörde genehmigten Fabrikszeichen desselben versehen sein.

Die Namenspunze hat den Vor- und Zunamen des Gewerbsmannes oder wenigstens deren Anfangsbuchstaben zu enthalten und ist von dem betreffenden Punzirungsamte gegen Vergütung der Anschaffungskosten zu beziehen.

Die Form muss bei allfälliger Uebereinstimmung der Namensbuchstaben zweier oder mehrerer Gewerbetreibenden verschieden sein, worüber das Kontrolamt zu wachen hat.

§ 36. Die bei der vorgenommenen Untersuchung probehältig befundenen Gold- und Silbergeräthe werden mit folgenden amtlichen Punzen bezeichnet:

a) mit der Feingehaltspunze,
b) mit dem Kontrolamtszeichen.

§ 37. Die Feingehaltspunze für Gold- und Silbergeräthe wird die Feingehaltsnummer und ein von dem Finanzministerium zu bestimmendes und kundzumachendes Zeichen enthalten.

§ 38. Ebenso werden auch die Zeichen der Kontrolämter besonders bekannt gemacht werden.

§ 39. Die für die im § 28 bezeichneten Geräthe vorgeschriebene Vorrathspunze besteht aus den vereinigten Buchstaben VR und wird, wo es ohne Beschädigung geschehen kann, mit dem Kontrolamtszeichen (§ 38) auf die Waare aufgedrückt.

§ 40. Die den ausländischen Ursprung einer Gold- und Silberwaare bezeichnenden Punzen werden die vereinigten

Buchstaben A⁷ (Ausland) enthalten und sind vereint mit dem Kontrolamtszeichen (§ 38) aufzudrücken.

§ 41. Gold- und Silbergeräthe, welche wegen ihrer Kleinheit oder sonstigen Beschaffenheit mit den Kontrolstämpeln auf ihrem Haupttheile selbst nicht bezeichnet werden könnten, sollen zu diesem Behufe entweder mit einem kleinen Blättchen aus dem Stoffe des Geräthes versehen sein, oder dieselben erhalten einen angehängten amtlichen Stämpel.

Die Art und Weise dieser amtlichen Bezeichnung wird im Verordnungswege bestimmt und kundgemacht.

§ 42. Die Beurtheilung, ob die Bezeichnung des probehältig befundenen Gold- und Silbergeräthes in der im § 36 oder in der im § 41 vorgeschriebenen Weise zu geschehen habe, steht dem betreffenden Kontrolamte zu.

§ 43. Die den Verfertigern der im § 21 benannten Metallgeräthe obliegende Bezeichnung derselben muss die Fabriks- oder Gewerbsmarke des Verfertigers und die Natur des Stoffes, woraus ein solches Metallgeräthe besteht (z. B. Bronze, Packfong, Neusilber, Chinasilber, Alpacca u. dergl.), deutlich ausdrücken, darf jedoch mit den in den §§ 37—41 für Gold- und Silbergeräthe vorgeschriebenen amtlichen Punzen keinerlei Aehnlichkeit haben.

§ 44. Die Gebühr für die Kontrole des Feingehaltes ist bei Goldgeräthen auf zwölf Gulden, bei Silbergeräthen auf ein Gulden fünfzig Kreuzer für das Pfund rauh bemessen. Für Geräthe unter dem Gewichte von 100 Ass ($^{10}/_{1000}$) des Pfundes ist die Gebühr für dieses Mindestgewicht zu entrichten.

§ 45. Die Kontrolgebühr ist vor der Vornahme der amtlichen Bezeichnung zu erlegen.

§ 46. Für Vornahme einer wiederholten Probe (§ 27) ist eine abermalige Gebühr nicht zu entrichten.

§ 47. Die Gewerbsleute, welche sich mit der Verfertigung oder dem Umsatze von Gold- und Silbergeräthen beschäftigen, sind verpflichtet, vor dem Antritte ihres Gewerbes dem betreffenden Kontrolamte hievon die Anzeige zu erstatten unter Angabe der Gewerbstätte.

Jeder Wechsel derselben ist gleichfalls längstens binnen acht Tagen anzuzeigen.

§ 48. Jedem der in dem § 47 genannten Gewerbetreibenden liegt ob, das gegenwärtige Gesetz in den Verkaufsstätten an einem leicht zugänglichen Orte anzuheften und dessen Einsicht Jedermann zu gestatten.

§ 49. Jeder Verkäufer von Gold- oder Silbergeräthen ist verpflichtet, dem Käufer auf dessen Verlangen beim Verkaufe der Waare eine Note zu übergeben, welche enthalten muss:

a) den Namen des Verkäufers und die genaue Bezeichnung
   der Verkaufstätte;
b) den Namen des Käufers, wenn er es verlangt;
c) die Beschreibung des verkauften Gegenstandes und
   dessen Bezeichnung als Gold- oder Silberwaare;
d) das Rauhgewicht desselben an Gold oder an Silber;
e) den Feingehalt des Goldes oder Silbers;
f) Ort und Zeit der Ausstellung;
g) die Namensfertigung der den Verkauf besorgenden
   Person.

§ 50. Die im § 21 bezeichneten Waaren müssen in den
Verkaufstätten, sowie in deren Auslagen in abgesonderten,
durch eine deutliche Aufschrift kenntlich gemachten Räumen
aufbewahrt und dürfen nicht vermengt mit Gold- und Silberwaaren feilgeboten werden.

§ 51. Wenn ein Gold- oder Silberarbeiter oder Händler
sein Gewerbe aufgibt, so hat er gleichzeitig oder längstens
binnen acht Tagen dem Kontrolamte dies anzuzeigen, und
ersterer seine Namenspunzen oder sonstigen Fabrikszeichen
abzugeben. Erlischt das Gewerbe durch den Tod des Gewerbetreibenden, so liegt die Anzeige, sowie die Abgabe der
Punzen oder Fabrikszeichen dem Vorstande der Gewerbs-
genossenschaft oder, wo eine solche nicht besteht, dem Orts-
vorstande ob.

§ 52. Die Gewerbsleute, welche sich mit der Verfertigung
oder dem Umsatze von Gold- und Silbergeräthen beschäftigen,
stehen unter Aufsicht des Kontrolamtes.

§ 53. Den Punzirungsämtern liegt ob, bei den vorerwähnten Gewerbetreibenden, so oft hiezu eine Veranlassung
gegeben ist, genaue Nachschau pflegen zu lassen. Der Ab-
geordnete des Amtes hat sich die Ueberzeugung zu ver-
schaffen, ob die gesetzlichen Vorschriften gehörig beobachtet
werden.

Bei Vollziehung dieser Nachschau ist sich nach den gesetzlichen Bestimmungen für gefällsamtliche Untersuchungen
(§ 271—286 der Zoll- und Staatsmonopolsordnung vom Jahre
1835) zu benehmen.

§ 54. Die Nachschau (§ 53) bei Gewerbetreibenden,
welche nach diesem Gesetze der Kontrole (§ 52) unterliegen,
die sich aber nicht am Standorte eines Punzirungsamtes befinden, obliegt, insoferne sie nicht von diesem Amte selbst
durch Aussendung eines seiner Beamten gepflogen werden
kann, der kompetenten Gewerbsbehörde, welche das betreffende
Punzirungsamt über das Ergebniss der Nachschau in Kenntniss zu setzen hat.

§ 55. Bei vorkommenden Anständen ist über die Nachschau ein amtlicher Befund aufzunehmen.

Beanständete Waaren sind abzunehmen und mit dem
Befunde dem Kontrolamte zum weiteren Verfahren zu übergeben.

IV. Abschnitt.
Gold- und Silberdraht.

§ 56. Das zu Draht zu verarbeitende Gold und Silber
unterliegt der kontrolamtlichen Feingehaltsprobe.

§ 57. [Das Silber soll die Feine von wenigstens 985 Tausendsttheilen, das Gold von wenigstens 975 Tausendsttheilen
besitzen.] (Gesetz vom 23. Mai 1875.)

§ 58. Die Goldblättchen, welche zur Vergoldung der zu
Draht auszuziehenden Silberstange bestimmt sind (§ 59 und
60), müssen bei der (im § 57) vorgeschriebenen Feine das
Gewicht von mindestens 17 Ass haben.

§ 59. Die Vergoldung der Silberstangen findet nach drei
Abstufungen statt. Es werden nämlich auf eine Stange im
Gewichte von 1.4000 bis 1.4300 Pfund entweder 28 Goldblättchen oder 20 Goldblättchen oder 12 Goldblättchen aufgelegt, so dass der Gehalt des aus der Stange ausgezogenen
Golddrathes an feinem Golde bei der ersten Sorte Golddraht
von 33 bis mindestens 30 Tausendsttheilen, bei der zweiten
Sorte Golddraht von 24 bis mindestens 21.5 Tausendsttheilen,
bei der dritten Sorte Golddraht von 14 bis mindestens
13 Tausendsttheilen beträgt.

§ 60. [Die Anfertigung einer vierten Golddrahtsorte ist
gestattet, wobei auf eine Silberstange im Gewichte von 1.4000
bis 1.4300 Pfund (§ 59) sechs Goldblättchen aufgelegt werden
und darnach der Goldgehalt des solchergestalt ausgezogenen
Golddrahtes 7 bis mindestens 6.5 Tausendsttheile beträgt.
(Gesetz vom 23. Mai 1875.)

§ 61. Das Vergolden der Silberstangen, sowie das Ausziehen des Drahtes bis zur Dicke von 4½ Linien darf nur
bei einem Kontrolamte oder bei einem unter amtlichem Verschluss befindlichen Privatdrahtzuge unter amtlicher Aufsicht
geschehen.

Bei dem Kontrolamte ist die Ausziehung des Drahtes
nicht weiter als bis zur Dicke von einer Linie fortzusetzen.

Die weitere Verarbeitung des Drahtes ist den Gewerbetreibenden überlassen.

§ 62. Bei Einfuhr von Gold- und Silberdraht aus dem
Auslande findet das in den §§ 30, 31 und 32 für Gold- und
Silbergeräthe angeordnete Verfahren statt.

Die Kontrole des Feingehaltes hat sich hierbei auf die
Prüfung zu beschränken, ob der Golddraht wenigstens den
dritten für inländischen Draht vorgeschriebenen Grad (§ 57
und 59) erreicht.

Ergiebt sich, dass dies nicht der Fall ist, so ist die

Waare auf Kosten des Eigenthümers nach § 33 über die Grenze
zurückzuschaffen.

§ 63. [Die Kontrolgebühr ist für Silberdraht auf e i n e n
Gulden, für Golddraht ohne Unterschied der Sorte auf
e i n e n Gulden z e h n Kreuzer für das Pfund rauh festgesetzt.]
(Gesetz vom 23. Mai 1875.)

Bei Bemessung der Gebühr wird das Gewicht der als
Draht unbrauchbaren Enden, sowie der Untermarken, d. i.
der unvergoldeten Zwischentheile eines ausgezogenen Golddrahtes, unberücksichtigt gelassen.

§ 64. Ausländische Golddrähte sind bei der Gebühren-
bemessung mit Rücksicht auf die Bestimmung im zweiten
Absatze des § 62 als Golddraht dritter Sorte, die ausländischen
Silberdrähte wie die inländischen zu behandeln.

§ 65. Die Gewerbsleute, welche sich mit der Verfertigung, der Zurichtung oder dem Umsatze von Gold- und
Silberdrahtwaaren, als: Borten, Gallonen, sonstigen Gespinnsten,
gold- und silbergewebten Stoffen u. dgl., beschäftigen, stehen
unter Aufsicht des Punzirungsamtes.

§ 66. Diese Gewerbsleute sind verpflichtet, das gegenwärtige Gesetz in ihren Verkaufstätten an einem leicht zugänglichen Orte anzuheften und dessen Einsicht Jedermann
zu gestatten.

§ 67. In Beziehung auf die Pflicht der Anmeldung des
Gewerbebetriebes oder des Erlöschens desselben gelten auch
für die Gold- und Silberdrahtzieher und Händler die Bestimmungen der §§ 47 und 51.

§ 68. Den Spulen, auf welchen der feilgebotene Gold-
draht der ersten drei Sorten und der Silberdraht aufgewunden
ist, muss der Name des Verfertigers und die Nummer der
Drahtsorte eingebrannt, und das Ende des aufgewundenen
Drahtes mit dem Lacksiegel des Verfertigers an der Spule
befestigt sein. (Die lediglich für die Ausfuhr gestattete vierte
Golddrahtsorte darf kein Zeichen ihres Ursprunges an der
Spule zeigen.)

§ 69. Die zum Verkaufe im Inlande bestimmten Gold-
oder Silbergespinnste, Gewebe und derlei Waaren dürfen
keinerlei Beimengung von unechtem (leonischem) Drahte enthalten.

§ 70. Jeder Verkäufer von Gold- oder Silberdraht und
von daraus verfertigten Waaren ist verpflichtet, dem Käufer
auf dessen Verlangen eine Note auszustellen, welche ausser
den Erfordernissen § 49 lit. a, b, c, f, g noch die Angabe
der Sorte des verarbeiteten Golddrahtes zu enthalten hat.

§ 71. In den Verkaufstätten müssen Gold- und Silberdrähte, sowie die daraus verfertigten Gespinnste, Gewebe oder
andere derlei Waaren von den unechten (leonischen) Drähten
und daraus verfertigten Waaren abgesondert in durch eine

deutliche Aufschrift kenntlich gemachten Räumen aufbewahrt, und dürfen die letzteren nicht vermengt mit den ersteren feilgeboten werden.

§ 72. In Betreff der Ausübung der amtlichen Aufsicht (§ 65) gelten die in den §§ 53—55 festgesetzten Bestimmungen.

V. Abschnitt.
Uebertretungen und Strafen.

§ 73. Jeder Gold- und Silberscheider (§ 7) oder Handelsmann, welcher einen zum Handelsverkehre bestimmten Barren ohne kontrolamtliche Bezeichnung oder ohne ein ausländisches öffentliches Probezeichen (§ 13) feilbietet oder hintangiebt, verfällt in eine Geldstrafe von zwanzig bis einhundert Gulden, im Wiederholungsfalle nach vorausgegangener Bestrafung in eine Geldstrafe bis zweihundert Gulden.

§ 74. Der Verfertiger von Gold- und Silbergeräthen, welcher es unterlässt, ein kontrolpflichtiges Geräthe noch vor dem Färben, beziehungsweise Sieden und Poliren, zur kontrolamtlichen Bezeichnung vorzulegen (§ 16), oder die Anzeige von der Erzeugung zur Ausfuhr bestimmter, von der Pflicht zur Bezeichnung ausgenommener Gold- und Silbergeräthe dem Punzirungsamte zu erstatten (§ 19), unterliegt einer Geldstrafe von fünf bis zwanzig Gulden; wenn aber der innere Werth der Waare geringer ist als fünf Gulden, dem Verfalle derselben.

§ 75. Der Verfertiger oder Verkäufer, welcher ein nicht punzirtes Gold- oder Silbergeräthe feilbietet, veräussert oder verschickt, hat den Betrag des inneren Werthes der Waare und die Kontrolgebühr zu erlegen.

§ 76. Besitzt ein solches unpunzirtes Geräthe überdies nicht wenigstens den gesetzlichen Feingehaltsgrad (§ 20, 22, 23), oder ist es nicht nach Vorschrift des § 24 legirt, so hat nicht nur das in den §§ 26 und 27 vorgeschriebene Verfahren Platz zu greifen, sondern der Verfertiger, beziehungsweise der Verkäufer, hat ausser der Kontrolgebühr und nebst der allenfalls in Anwendung kommenden Strafe des § 75 noch das Fünffache jenes Werthes zu erlegen, welcher an dem mindesten gesetzlichen Feingehalte abgeht.

§ 77. Gold- oder Silbergeräthe, welche

a) mit einer nachgeahmten oder verfälschten Amtspunze (§ 37—41) bezeichnet sind, oder welche

b) ein echtes Punzzeichen auf- oder eingelöthet tragen, oder welche

c) fremdartige Körper, als: Eisen, Kupfer, Blei, minderhaltiges Schlagloth (§ 23), Harzkitt u. dgl. mit Ausnahme der zur Erhaltung der Form des Geräthes nothwendigen

Unterlage (Contre-Email), in nicht sichtlicher und leicht trennbarer Weise eingeschlossen enthalten, unterliegen dem Verfalle, unabhängig von den etwa nach § 75 und 76 zu verhängenden Strafen. Die Verfertiger und deren Mitschuldige sind dem Besitzer der verfallenen Waare ersatzpflichtig.

§ 78. Das Vergolden der Silberstangen, sowie das Ausziehen derselben zum Drahte bis zur Dicke von 4¹/₂ Linien herab mit Uebergehung der amtlichen Kontrole zieht den Verfall der Waare nach sich. Mangelt überdies dem Drahte die vorgeschriebene Feine (§ 57 und 59), oder wird im Inlande die vierte Golddrahtsorte (§ 60) feilgeboten, so ist mit dem Verfalle der Waare noch überdies eine Geldstrafe von einhundert bis fünfhundert Gulden verbunden.

§ 79. Gold- und Silberdrahtzieher, welche sich nicht nach Vorschrift des § 68 bezeichneter Spulen bedienen, verfallen in eine Geldstrafe von zehn bis fünfzig Gulden.

§ 80. Gewerbetreibende, welche die Anordnungen der §§ 50 und 71 in Betreff der abgesonderten Aufbewahrung unechter Gold- und Silberwaaren im Verkaufslokale übertreten, unterliegen einer Geldstrafe von zehn bis fünfzig Gulden.

§ 81. Verfertiger und Verkäufer von Gold- und Silbergespinnsten, Geweben und derlei Waaren, welche der Bestimmung des § 69 entgegen handeln, werden mit dem Verfalle der Waare und einer Geldbusse von zehn bis zweihundert Gulden bestraft.

§ 82. Gewerbsleute, welche die ihnen nach den §§ 48 und 66 obliegende Anheftung des gegenwärtigen Gesetzes in ihren Verkaufstätten unterlassen, unterliegen einer Geldstrafe von fünf bis zwanzig Gulden.

§ 83. Bei unterlassener Anzeige des Antrittes oder Erlöschens eines Gewerbes verfällt der zu dieser Anzeige Verpflichtete (§ 47, 51 und 67) in eine Geldstrafe von fünf bis zwanzig Gulden.

§ 84. Die Verweigerung oder mangelhafte Ausstellung einer Verkaufsnote über Gold- oder Silberwaaren (§ 49 und 70) ist mit einer Geldbusse von fünf bis zwanzig Gulden zu strafen.

Wenn aber die Verkaufsnote eine falsche Angabe des Feingehaltes bei Gold- und Silbergeräthen oder der Sorte beim Golddraht enthält, so zieht diese Uebertretung eine Geldstrafe von zwanzig bis zweihundert Gulden nach sich.

§ 85. In Bezug auf das Verfahren, durch welches die im gegenwärtigen Abschnitte festgesetzten Strafen in Anwendung gebracht werden, und die zur Vollziehung dieses Verfahrens berufenen Behörden, sowie in Absicht auf die gesetzlichen Rechts- und Gnadenmittel, die Umwandlung uneinbringlicher Geldstrafen in Arrest u. s. w. ist sich nach den Bestimmungen des

Gefällsstrafgesetzes vom 11. Juli 1835, in den Kronländern aber, wo jenes Gesetz noch nicht eingeführt ist, nach den Vorschriften zu benehmen, welche über die Bestrafung der Zollgefällsübertretungen in Wirksamkeit stehen.

Ueber das Ansuchen um Ablassung vom Strafverfahren gegen ein Strafpauschale im Sinne des § 541 des Gefällsstrafgesetzes entscheidet die Finanzlandesbehörde, gegen deren Beschluss der Rekurs an das Finanzministerium ergriffen werden kann.

Hinsichtlich der Belohnung der Anzeiger und Ergreifer von Uebertretungen der Punzirungsvorschriften kommen die für Zollgefällsübertretungen bestehenden Normen in Anwendung.

Angestellte der Punzirungsämter sind von der Betheilung mit solchen Belohnungen ausgeschlossen.

Die nach Bestreitung der Kosten des Verfahrens und der erwähnten Belohnungen erübrigenden Strafgelder fliessen dem Lokalarmenfonde jener Gemeinde zu, wo das Kontrolamt, in dessen Amtsbezirke die Uebertretung entdeckt wurde, seinen Standort hat.

§ 86. Für die Verjährung der in diesem Abschnitte festgesetzten Strafen wird der Zeitraum eines Jahres bestimmt.

§ 87. Insoferne Uebertretungen des gegenwärtigen Gesetzes auch andere Strafbehandlungen nach sich ziehen können, werden durch die vorstehenden Anordnungen weder die Strafbestimmungen über Verbrechen, Vergehen und Uebertretungen, noch jene der Gewerbeordnung, insbesondere hinsichtlich der Entziehung der Gewerbeberechtigung, berührt.

§ 88. Mit der Vollziehung dieses Gesetzes ist der Finanzminister beauftragt.

Salzburg, am 19. August 1865.

Franz Joseph m. p.

Graf Belcredi m. p.   Graf Larisch-Moenich m. p.

Auf Allerhöchste Anordnung:
Ritter von Schurda m. p.

Zur Ausführung des vorstehenden Gesetzes sind zahlreiche Ausführungsverordnungen ergangen, welche sich in der „offiziellen Handausgabe der österreichischen Gesetze und Verordnungen" 46. Heft, Wien, Druck und Verlag der k. k. Hof- und Staatsdruckerei, zusammengestellt finden, zu denen aus neuerer Zeit noch einige weitere hinzugekommen sind, die indessen nur ein internes Interesse haben. Diese sämmtlichen Verordnungen und Erlasse berühren die Wesenheit der gesetzlichen Bestimmungen nicht. Von besonderer Bedeutung sind die folgenden durch das Reichs-Gesetz-Blatt veröffentlichten

Finanzministerialerlasse vom 30. November 1866 und vom
10. März 1872.

**Erlass des Finanzministeriums vom 30. November 1866, wegen
Vollziehung des Gesetzes über den Feingehalt der Gold- und
Silberwaaren und dessen Ueberwachung.**

Wirksam für das ganze Reich.

(Reichs-Gesetz-Blatt S. 423.)

In Ausführung des mit kaiserlicher Verordnung vom
26. Mai 1866 kundgemachten Gesetzes über den Feingehalt
der Gold- und Silberwaaren und dessen Ueberwachung (Reichs-
Gesetz-Blatt Nr. 75) werden nachstehende Verfügungen, welche
gleichzeitig mit jenem Gesetze am 1. Jänner 1867 (Reichs-
Gesetz-Blatt Nr. 94) in Wirksamkeit zu treten haben, zur allgemeinen Kenntniss gebracht.

1. Kontrolämter.

Zur Prüfung und Ueberwachung des Feingehaltes der
Gold- und Silberwaaren sind folgende Kontrolämter berufen:

Das Hauptpunzirungsamt in Wien;

Punzirungsämter, in den einzelnen Ländern, welche in
Ausübung jener Kontrole dem Hauptpunzirungsamte unter-
geordnet sind;

Punzirungsstätten, welche bei anderen landesfürstlichen
Aemtern aufgestellt sind, und dem Punzirungsamte unterstehen,
in dessen Bezirke sie sich befinden.

Die Amtswirksamkeit des Hauptpunzirungsamtes und der
Punzirungsämter erstreckt sich in ihrem Bezirke auf alle
Gattungen Gold- und Silberwaaren (Barren, Geräthe mit Einschluss der Geschmeide, Draht und Drahtwaaren). Sie sind
auch berufen, ihre Kontrole auf die Amtsbezirke der ihnen
unterstehenden Punzirungsstätten auszudehnen.

Dem Hauptpunzirungsamte wird der bisher dem Haupt-
münzamte untergeordnete Aerarial-Drahtzug in Wien einverleibt. Ueberdies wird dem Hauptpunzirungsamte ausnahmsweise auch die Kontrole der im Amtsbezirke anderer Punzirungsämter, jedoch von dem Standorte derselben entfernter als von
Wien gelegenen Privat-Gold- und Silberdrahtzüge übertragen.

Die übrigen Punzirungsämter haben nebst den oben erwähnten Obliegenheiten auch die Einlösung des Goldes und
Silbers nach den hierüber bestehenden Bestimmungen zu besorgen.

Den Punzirungsstätten ist die Kontrole der Gold- und
Silbergeräthe, sowie der Gold- und Silberdrahtwaaren überwiesen. Die Kontrole der Barren und der Verfertigung des
Drahtes, sowie die Gold- und Silbereinlösung gehören nicht
zu ihrer Amtswirksamkeit.

Die Standorte der Kontrolämter und deren Amtsbezirke sind in der beiliegenden Uebersicht A angegeben, desgleichen auch die Amtszeichen, mit welchen die von ihnen untersuchten Gold- und Silbergeräthe bezeichnet werden.

Veränderungen des Standortes oder des Amtsbezirkes, Aufhebung oder neue Errichtung von Kontrolämtern werden amtlich kundgemacht werden.

2. Bezeichnung der Barren.

Der Stämpel der Punzirungsämter, mit welchem die von ihnen geprüften Gold- und Silberbarren unter Angabe des Feingehaltes in Tausendtheilen bezeichnet werden, besteht aus dem kaiserlichen Adler und trägt als Umschrift die Bezeichnung des Punzirungsamtes.

3. Uebernahme der Geräthe zur Punzirung.

Die zu prüfenden Goldgeräthe und Silbergeräthe sind nach Feingehaltsgraden gesondert zur Untersuchung und Punzirung zu übernehmen.

Die Gewerbetreibenden haben zu diesem Behufe für jeden Feingehaltsgrad der Goldgeräthe und der Silbergeräthe ein Verzeichniss mit Angabe des Gewichtes, der Gattung der Geräthe, sowie der Gewerbestätte, mit ihrer Namensfertigung beizubringen.

Sind hiefür bei einem Kontrolamte zur schnelleren Vornahme der Amtshandlung Drucksorten eingeführt, so haben die Gewerbetreibenden sich ausschliesslich dieser Drucksorten, welche ihnen vom Kontrolamte gegen Vergütung der Kosten erfolgt werden, unter Ausfüllung aller Daten zu bedienen.

4. Punzen.

Die allen Kontrolämtern gemeinschaftlichen Punzen für Gold- und Silbergeräthe, nämlich: die Feingehaltspunzen, die Vorrathspunze für ältere Erzeugnisse (d. i. für solche, die vor Eintritt der Wirksamkeit des neuen Gesetzes verfertigt wurden), und die den ausländischen Ursprung eines Gold- oder Silbergeräthes bezeichnende Punze, sind in der Beilage B abgebildet.

Die Feingehaltspunzen für grössere inländische Geräthe enthalten mythologische Figuren, und zwar jene für Goldgeräthe den Kopf des Phöbus-Apollo mit den Sonnenstrahlen, und jene für Silbergeräthe den Kopf der Diana mit der Mondessichel, nebst der Nummer des Feingehaltes der Waare (§ 20 des Gesetzes). Die Punzen der verschiedenen Feingehaltsgrade unterscheiden sich durch die Feingehaltsnummer und deren Stellung, sowie durch die Form der äussern Einfassung.

Zur Bezeichnung kleinerer inländischer Geräthe der häu-

figer vorkommenden niedrigeren Feingehaltsgrade dienen
kleinere Punzen. Dieselben enthalten:

für Gold Nr. 3 den Kopf einer Gemse,
für Gold Nr. 4 den Kopf eines Fuchses,
für Silber Nr. 3 den Kopf eines Windspiels,
für Silber Nr. 4 den Kopf eines Löwen,

mit der betreffenden Feingehaltsnummer und knapperer Einfassung.

Die Vorrathspunze und die Punze für ausländische
Gold- und Silbergeräthe enthalten die im Gesetze (§ 39 und
40) vorgeschriebenen Zeichen mit unterschiedener Einfassung.

Können die amtlichen Punzen nicht auf die Waare selbst
aufgeschlagen werden, so werden sie in einer kleinen Blei-
scheibe aufgedrückt, und es wird dieser amtliche Stämpel
(§ 41 des Gesetzes) an einem feinen Drahte, mit welchem das
Geräthe mehrfach durchzogen ist, so befestigt, dass die Abnahme des Stämpels und dessen Uebertragung auf ein anderes
Geräthe nicht vorgenommen werden kann.

5. Ausfuhr von Gold- und Silberwaaren, deren
   Feilbietung im Inlande nicht gestattet ist.

Die zur Ausfuhr bestimmten unpunzirten Gold- und Silbergeräthe (§ 10 des Gesetzes), welche selbstverständlich im Sinne
des § 14 keinen geringern als den niedersten gesetzlichen
Feingehalt besitzen dürfen, sind unter der unmittelbaren Aufsicht des Kontrolamtes zu verpacken. Dasselbe hat die Pack-
stücke zu versiegeln, mit der laufenden Nummer zu versehen,
und an das nächstgelegene Zollamt zu leiten. Dieses hat den
zollamtlichen Verschluss anzulegen, und die Waare mit einem
Begleitschein der Partei zu übergeben, welche die Ausfuhr
zu bewirken hat. Dem Grenzzollamte, bei welchem der Aus-
tritt der Waare erfolgt, liegt ob, den Begleitschein mit der
Bestätigung dieses Austrittes zu versehen, und an das Zollamt,
welches denselben ausgefertigt hat, zurückzusenden. Letzteres
hat das Kontrolamt von der stattgefundenen Ausfuhr zu ver-
ständigen.

Ein gleicher Vorgang ist hinsichtlich des Golddrahtes
vierter Sorte (§ 60 des Gesetzes), welcher nur für das Ausland verfertigt und im Inlande nicht feilgeboten oder weiter
verarbeitet werden darf, und hinsichtlich der aus Gold- oder
Silberdraht mit Beimengung unechten (leonischen) Drahtes für
das Ausland verfertigten Gespinnste, Gewebe und derlei
Waaren (§ 69) zu beobachten.

Wenn Waaren, deren Verfertigung nur mit der Bestimmung zur Ausfuhr gestattet ist, bei den Verfertigern oder bei
Verkäufern in fertigem Zustande getroffen werden, tritt das
gesetzliche Strafverfahren ein.

Gold- und Silberwaaren, die auf obige Weise ausgeführt wurden, sind bei etwaiger Wiedereinfuhr gleich ausländischen Geräthen zu behandeln.

6. Ausländische Gold- und Silbergeräthe.

Bei den aus dem Auslande eingeführten Gold- und Silbergeräthen ist zu erheben, ob dieselben wenigstens den geringsten für das Inland bestimmten Feingehalt mit der vom Gesetze geforderten Beschaffenheit der Metallmischung besitzen, und nicht etwa zur Täuschung des Käufers fremdartige Körper eingeschlossen enthalten.

Ausländische Geräthe, welche in diesen Beziehungen nicht anstandslos befunden werden, sind nach den Bestimmungen der §§ 33 und beziehungsweise 77 des Gesetzes zu behandeln.

7. Drahtzug.

Bei Privatdrahtzügen ist der amtliche Verschluss (§ 61 des Gesetzes) an die Grobdrahtzugsvorrichtungen, d. i. diejenigen, die zur Ausziehung des Drahtes bis zur Dicke von $4^1/2$ Linien herab dienen, derart anzulegen, dass die Verwendung derselben ohne Verletzung des Verschlusses nicht möglich ist.

Der Inhaber eines Drahtzuges ist gehalten, das betreffende Punzirungsamt von der beabsichtigten Vergoldung der Silberstangen und Ausziehung des Grobdrahtes mindestens 24 Stunden vor jenem Zeitpunkte in Kenntniss zu setzen, an welchem der zur Kontrole abzuordnende Beamte abzugehen hat.

Diesem Beamten sind die Silberstangen und Goldblättchen zur Ermittlung des Gewichtes und zur Abnahme von Probestückchen, welche zur Untersuchung des Feingehaltes dienen, zu übergeben.

Von den zu untersuchenden Gegenständen sind je zwei Probestückchen zu nehmen, und abgesondert unter gemeinschaftliches Siegel des Amtes und der Partei zu legen. Die Untersuchung des Feingehaltes wird bei dem Punzirungsamte vorgenommen, und nach dem Richtigbefunde desselben das Materiale der Partei zurückgestellt.

Der amtliche Verschluss des Drahtzuges wird von dem Beamten nach Uebernahme der Probestückchen abgenommen und wieder angelegt, sobald die kontrolpflichtige Ausziehung des Drahtes, welcher er beizuwohnen hat, beendigt ist.

8. Kontrolgebühr.

Die Kontrolgebühr für Barren und Geräthe ist vor der Vornahme der amtlichen Bezeichnung, jene für Draht unmittelbar nach Beendigung der kontrolpflichtigen Ausziehung desselben zu erlegen.

Beim Drahte bis zum Gewichte von 18 Pfund kann der gebührenfreie Gewichtsabzug der als Draht unbrauchbaren Enden und der Untermarken ohne wirkliches Abschneiden und Abwägen derselben mit 6 Hunderttheilen für jedes Pfund bemessen werden.

. Ueber die für die Prüfung von Gold- und Silberwaaren berichtigte Kontrolgebühr wird der Partei von dem Kontrolamte eine Empfangsbestätigung ausgestellt.

9. Gewerbsbücher.

Die nach dem Gesetze unter amtlicher Aufsicht stehenden Verfertiger und Verkäufer von Gold- und Silberwaaren sind verbunden, ihre Gewerbsbücher dem Kontrolamte oder dem von demselben abgeordneten Beamten auf Verlangen zur Einsicht vorzulegen.   Graf Larisch-Moenich m. p.

Beilage A.
(Vergleiche Beilage A zu dem folgenden Erlass vom 10. März 1872.)
Beilage B.
(Vergleiche Beilage B zu dem folgenden Erlass vom 10. März 1872.)

Erlass des Finanzministeriums vom 10. März 1872, wegen Vereinigung der Kontrolamtszeichen mit den Feingehaltspunzen.

Mit Bezug auf die §§ 36, 37 und 38 des Gesetzes über den Feingehalt der Gold- und Silberwaaren und dessen Ueberwachung vom 19. August 1865 (R.-G.-Bl. Nr. 75 vom Jahre 1866), und die zum Vollzuge desselben erlassenen Vorschriften vom 30. November 1866 (R.-G.-Bl. Nr. 149) und vom 30. Mai 1868 (R.-G.-Bl. Nr. 55), wird bekannt gemacht, dass zur Beseitigung der bisherigen abgesonderten Bezeichnung der Gold- und Silbergeräthe mit dem Kontrolamtszeichen neben der Feingehalts- und Auslandspunze künftig diese Punzen zugleich auch das Kontrolamtszeichen dergestalt enthalten werden, dass auf den Feingehaltspunzen unter vollständiger Beibehaltung ihrer bisherigen Form, Grösse und Zeichnung das betreffende Kontrolamtszeichen an jener Stelle angebracht wird, welche der Feingehaltsnummer gegenüberliegt.

Sämmtliche dermalen bestehende Kontrolämter sind mit ihren Amtszeichen in der Beilage A übersichtlich zusammengestellt und sind überdies an den auf der Beilage B dargestellten Abbildungen der verschiedenen Feingehaltspunzen jene Stellen mit einem Sternchen bezeichnet, auf welchen das Amtszeichen angebracht sein wird. Auf den Auslandspunzen wird der Buchstabe des Punzirungsamtes auf der linken, die Ziffer der Stätte aber auf der rechten Seite erscheinen.

Kleinere Nebenbestandtheile eines Geräthes, welche die Bezeichnung mit der kleinen Feingehaltspunze ohne Verun-

staltung nicht zulassen, oder bei denen ein Missbrauch der
Feingehaltspunze zu befürchten wäre, wie z. B. Nadelstifte
der Brochen, Aufsätze zu Ohrgehängen u. dgl., werden mit
dem bisher in Anwendung gestandenen Amtszeichen allein
zum Beweise der stattgefundenen Kontrole bezeichnet werden.
Dabei hat als Regel zu dienen, dass bei Gold- und Silbergeräthen mit dem Feingehaltsgrade Nr. 3 oder darüber das
Amtszeichen doppelt, bei dem Feingehaltsgrade Nr. 4 dagegen
blos einfach aufgeschlagen wird.

Wenn aber auch die Anbringung des Amtszeichens allein
auf solchen Nebenbestandtheilen wegen ihrer ;Zartheit nicht
thunlich wäre, so wird dasselbe auf den Hauptbestandtheil
des Geräthes neben der mit dem Amtszeichen vereinigten
Feingehaltspunze besonders, jedoch stets einfach aufgeschlagen
um dadurch derlei Geräthe von solchen zu unterscheiden,
welche ohne den betreffenden Nebenbestandtheil (Aufsatz u. s. w.)
zur Kontrole gelangten. Mit der Einführung der neuen vereinigten Punzen treten die bisher in Anwendung gestandenen
einfachen Feingehaltspunzen ganz ausser Gebrauch.

Diese Verordnung tritt mit dem 1. April 1872 in Wirksamkeit.

                    ————————
                                           P r e t i s m. p.

U e b e r s i c h t
der zur Prüfung und Ueberwachung des Feingehaltes der Gold- und
Silberwaaren berufenen k. k. Kontrolämter.

Punzirungs-ämter	Punzirungsstätten nebigen Punzirungsämtern unterstehend		Amts-zeichen
	Standort	Amt	
Wien Hauptpunzirungsamt	. . . . Folgen 11 Punzirungsämter mit den Amtszeichen		A A₁ bis A₁₁
Linz	. . . . Desgl. 5 Punzirungsämter mit den Amtszeichen		B B₁ bis B₅
Prag	. . . . Desgl. 7 Punzirungsämter mit den Amtszeichen		C C₁ bis C₇
Krakau	. . . . Desgl. 5 Punzirungsämter mit den Amtszeichen		E E₁ bis E₅
Lemberg	. . . . Desgl. 7 Punzirungsämter mit den Amtszeichen		F F₁ bis F₇
Gratz	. . . . Desgl. 3 Punzirungsämter mit den Amtszeichen		G G₁ bis G₃
Bregenz	. . . . Desgl. 9 Punzirungsämter mit den Amtszeichen		H H₁ bis H₉
Triest	. . . . Desgl. 9 Punzirungsämter mit den Amtszeichen		M M₁ bis M₉

Abbildung

der Punzen zur Bezeichnung der Gold- und Silbergeräthe.

Im 12fachen Linienmaasse der natürlichen Grösse.

I. Feingehaltspunzen für grössere inländische Geräthe.

Die Einfassung des Kopfes, bei welcher

        eine gerade Linie   15 Hunderttheile

        eine eingezogene Linie 14   "

        eine aufgebogene Linie 16   "

andeutet, bezeichnet zugleich selbst unmittelbar den Feingehalt in Hunderttheilen.

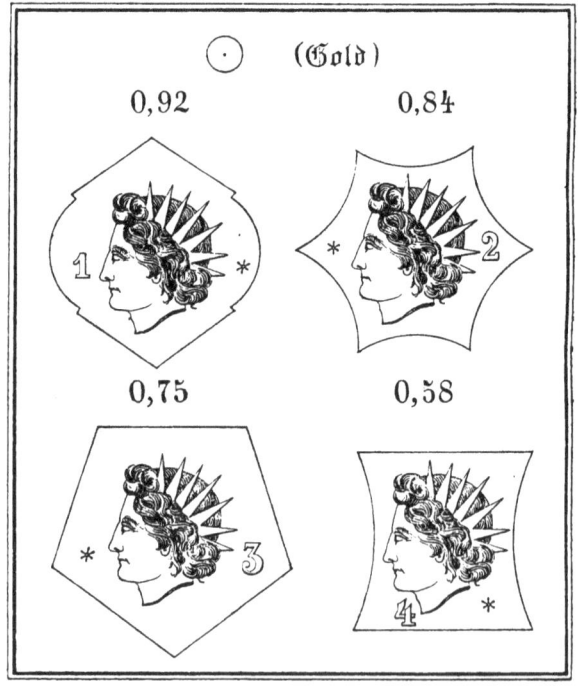

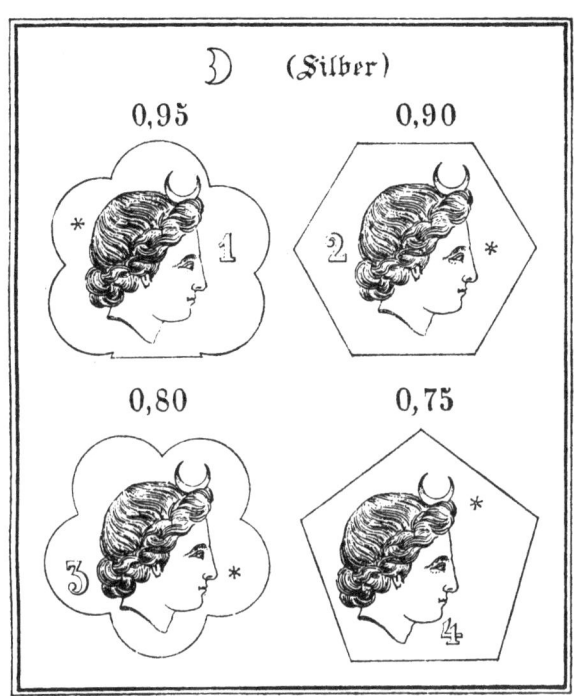

II. Feingehaltspunzen für kleinere inländische Geräthe.

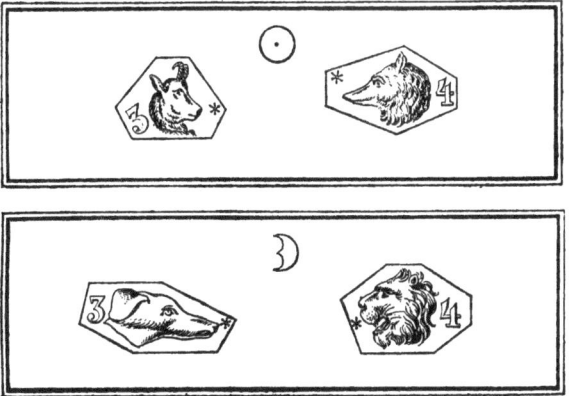

III. Punze für ältere Erzeugnisse.

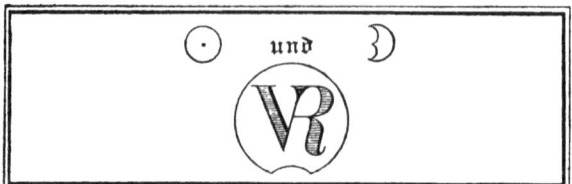

IV. Punze für ausländische Geräthe.

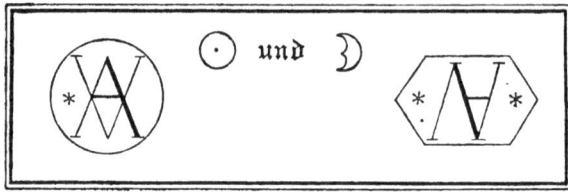

Pierer'sche Hofbuchdruckerei. Stephan Geibel & Co. in Altenburg.

Printed by Libri Plureos GmbH
in Hamburg, Germany